ちくま新書

マイノリティ・

――少数者が社会を変える

伊藤芳浩
Ito Yoshihiro

1717

マイノリティ・マーケティング——少数者が社会を変える【目次】

プロローグ

†活動の原点

私は一九七〇年に岐阜県で、生まれつき耳がきこえない子どもとして生まれた。両親はなかなか子どもを授からず、不妊治療を受けていた。しかし、いっこうに出来る気配がなく諦めかけていたとき、風邪をひいた母は、お腹の中に私がいたことを知らずに風邪薬を服用した――。それがきこえなくなった原因らしいが、本当のところは、はっきりしていない。

私が生まれた当時は、障害児教育というものが世の中にあまり知られていなかった。母は東奔西走し、さまざまな教育機関を見学して情報収集した。私は岐阜県から転居して、ろう教育の先駆的存在であった京都府立聾学校幼稚部に入った。そこでは「キュードスピーチ」という、発音の仕方を参考に五〇音を視覚的に表現する方法を使用して、日本語獲得のための教育を受けた。学校だけではなく、家庭においても母から日本語をかなり教え込まれたことが今でも記憶に残っている。当時は文部省（当時）の方針もあり、口話《こうわ》教育（口の形を読み取ることができるような訓練を行なう教育方法）が重視されていて、幼稚部において手話を使用することはなかった。

母は、私のために何でもトライした。幼稚部を終えた後は地元に戻り、ろう学校ではなく、普通の小学校に入学した。その際も、母がきこえないことについて先生や同級生に色々と説明をしてくれた。おかげで、周りの人の理解や配慮があり、大きな支障なく勉強をすることができた。

私は今、会社員をしながら、ＮＰＯ法人インフォメーションギャップバスター（Information Gap Buster：以下ＩＧＢ）の理事長を務めている。今の私の活動、つまり、ＮＰＯ法人を設立し、自分からさまざまな人たちに働きかけて、社会を変えていこうという活動には、母の姿勢が大きく影響している。

ＩＧＢのミッションは、障害者などが生活を送る上で、情報を入手しづらいことやコミュニケーションしづらいことを解決することだ。二〇一〇年に有志による任意団体として発足し、翌二〇一一年にＮＰＯ法人として認証を受けた。少人数で始めた団体であったが、電話リレーサービスの法制化や東京オリンピック・パラリンピック開閉会式放送への手話通訳の導入など、全日本ろうあ連盟など数多くの関連団体と協力し合って、これまでさまざまな社会問題の解決に取り組んできた。

いずれも立場の異なる多くの関係者との交渉や調整を要するもので、あきらめずに挑戦しつづける姿勢を大事にしてきた。

†手話を通じた出会い

手話を使う人に出会ったのは、大学に入ってからだ。彼らが自由にコミュニケーションする姿に衝撃を覚えた。中学、高校も普通学校に通った私は、口話（口の形を読み取るコミュニケーション方法）だけで周囲とコミュニケーションしていた。私のように、きこえなくても手話に出会うことなく学齢期を過ごす子どももいるのだ。

口話とは相手の口の動きを読み取って話を理解し、自分は声を使って言いたいことを伝える方法をいう。授業中も先生の口元を見て話を理解していたし、友達との会話もそれで通じていた。しかし、訓練した口話だと十分にコミュニケーションができず、じつは限界を感じてもいた。私の場合、何か音がしているのを、補聴器を通して認識はできているものの、それが人の声かただの雑音か判断することはできない。だから、いつ誰が話し出してもいいように、先生や友達の口をずっと見続けている必要があった。また、口の動きが小さかったり、見えなかったり、口の形が似ている言葉があったりして、一〇〇％理解することは難しかったのだ。

手話に出会ってからは、スポンジが水を吸うように手話を覚え、活用するようになった。このとき、全国にきこえない学生が集まってできた団体があることを知った。そこでの交流を通して、さまざまな立場の人に出会った。大学側の配慮が十分でなく苦労している者も、ボランティアの支援があって勉強に励んでいる者もいた。それぞれの違いは、本人の努力というよりは、大学や勉学環境に左右されていた。

†社会を変えたいと思ったきっかけ

就職後もそれは同じだった。会社や職場環境のせいで、職場に定着できず退職・転職したりする多くの人を見てきた。

私の勤務先は大手総合電機メーカーで、私自身はデジタルマーケティングに携わっている。朝八時半には出社し、主にデスクワークで業務を進めつつ、関係者と打合せを実施したり、イベント時には会場で対応するなど、ごく一般的な勤め人の生活を送っている。コロナ禍になってからはリモートワークも増え、オンラインミーティングで業務を進めるようになった。

きこえないと仕事をするのが大変なのでは？と思うかもしれないが、私が入社した時点で、会社にはすでに同じ聴覚障害をもつ先輩が多数働いていて、聴覚障害者への理解や配慮は進んでいた。彼らが、職場での理解や配慮がされるよう交渉を重ね続けた成果だ。そのおかげで、私は入社後も比較的にスムーズに仕事をすることができたのだ。たとえば、大事なイベントや研修などに手話通訳がつくし、最近では音声認識アプリが導入されるなど、職場にさまざまな配慮がある。

その一方で、職場できこえないことへの理解や配慮がなく、仕事を続けられない聴覚障害者も多く見てきた。入社した企業次第で、聴覚障害者は働きやすさが左右されてしまう。この格差をなくしていきたいという思いが募っていった。

きこえない人が職場に定着できない原因の主なものとしては、本人のコミュニケーションスキルが十分でないこと、職場の聴覚障害者に対する理解・支援が十分でないことがある。さらに、単にきこえない・きこえにくいだけでなく、二次的障害として、メンタルへルスを損なうことも少なくない。このような、勉学や労働の環境といった社会側にバリアがある現状を変えて、私は次世代のきこえない・きこえにくい子どもたちが、活躍できる社会を創りたいと思うようになった。

こうして二〇一〇年一二月に、同じような問題意識を持った仲間たちが集まり、情報格差をなくすことを目的として、IGBを設立した。多くのメンバーは聴覚障害を持つ当事者として、企業などで自らの能力を発揮することの限界を感じていた人たちであった。

†突き当たった壁

IGBは、「多様な人々の立場・価値観・考えを尊重し、お互いがハッピーとなるWin-Winの関係を目指す」ことを理念として、主にきこえない・きこえにくい人が抱えている以下のような問題の解決に尽力してきた。

・電話を使うことができないというバリアの解消
・オリンピック・パラリンピック放映の内容がわからないというバリアの解消
・行政の意思決定にかかわることができないバリアの解消

これらの活動を通して、コミュニケーションバリア・情報バリアを解消して一人ひとりの価値を最大に発揮できる「調和した社会」を創ることを目指してきたわけだ。

とはいえ、最初から順調だったわけではない。

我々は当初、聴覚障害者がきこえない・きこえにくいために情報が入りにくかったり、コミュニケーションがしづらかったりする問題を解決するためには、自らのスキル向上（プレゼンテーション能力、ＩＣＴリテラシーなど）をはかる「自助」と、周辺の人々の理解を得る「共助」の二つの活動が重要だと考えて活動していた。ＩＣＴリテラシーとは、「Information and Communication Technology（情報通信技術）」の頭文字を取った言葉で、ＩＣＴツールを利用して情報処理やコミュニケーションを行なえる能力のことだ。

しかし、それで周辺の理解を得ることができても一時的なもので、人生のライフステージの進展により、人間関係などの環境が変わってくると、情報格差がまた生じてしまう。スキル向上や周辺の人々の理解を得る努力を継続しなければならない。それでは、私たちが目指している「情報格差の解消」の根本的な解決にはならない。何が足りていないのか、どのように解決していけばよいかわからず、行き詰まり感を抱いていた。

†マイノリティ・マーケティングの誕生

ＩＧＢを設立してまもない頃、ＳＮＳでとある経営者と知り合い、会うことになった。待ち合わせは渋谷の喫茶店、二〇一三年九月一九日の夕方だった。喫茶店に足を踏み入れた私に、四〇代の男性が、こっちこっちと気さくに手を振ってくれていた。彼の名は那部《なべ》智史《さとし》といい、生まれてきた息子が知的障害をもっていたのをきっかけに、胡蝶蘭栽培・販売で障がい者の就労支援を行なうという画期的なビジネスモデルを確立したＮＰＯ法人Alon Alon の理事長だ。

那部さんは、「障がい者の自立のために所得向上をめざす議員連盟」の事務局も務めていて、障害者の自立支援のためには所得の向上が不可欠であるという信念を持っていた。有識者との意見交換や就労施設への視察などを通じて現在の障害者福祉制度や法律の不備による問題点を見つけ出し、障害者の所得向上に資するよう、具体的な行動に移していた。

那部さんが取り組んでいるビジネスモデルに興味を持った私は、その詳細を聞きたいと思った。そこで連絡を取り、ＩＧＢ理事（当時）の杉原大介と共に喫茶店を訪れたのだ。

私は手話を使用するろう者なので、聴者（きこえる者）とコミュニケーションする時は、手話通訳を介する必要がある。私が表す手話を手話通訳が読み取って音声に通訳し、また、相手が話す内容を手話に通訳するという方法で、話を進めた。

那部さんは、ろう者に会うのが初めてだということだった。社会の多くの方が使用している音声言語とはまったく違う言語である手話をはじめて見て、インパクトを感じたという。また、ろう者が生活するにあたって、さまざまな不便さ・不利益があるということを知っていただいた。私たちの話を真摯に聞いていただき、共感していただけたのは、本当にありがたいことだった。

そのときに、那部さんが話していた言葉で印象に残ったのは、「社会を変えないといつまで経っても変わらないよ」という言葉だ。つまり、政治に関わって、法律や制度を変えることで、社会を変えていく必要があるということだ。

それまでは、聴覚障害者がきこえない・きこえにくいために情報が入りにくかったり、コミュニケーションがしづらかったりする問題を解決するために必要なものとしては、自らのスキル向上（プレゼンテーション能力、ICTリテラシーなど）をはかる「自助」と、周辺の人々の理解を得る「共助」の二つしか頭になかった。しかし、那部さんとの出会いで、それに加えてもう一つ、政府や地方自治体に要望して法律や制度を変えていくことで、支援する仕組みをつくる「公助」も必要だと考えるようになった。この「自助、共助、公助」の枠組みが、その後のＩＧＢの活動のベースとなった（本書における「自助、共助、公助」の定義については、第二章2を参照）。

†本書の狙い

では、「公助」を実現するためにはどうしたらいいのか。この問題を解決する手段となったのが、マーケティングの手法だ。

本書は、マジョリティ（多数者）中心の社会で、差別などの社会的問題をなかなか解決できずに困っているマイノリティの方々に、どのようにしてそれらを解決できるかのヒントを提供するものだ。

障害者はマイノリティ（少数者）であるがゆえに、社会の力関係では不利な立場にある。社会の多数を占めるマジョリティになかなか意見が伝わりにくい。これまでのＩＧＢの活動から、効率的に社会に訴求する手段として、マーケティング手法を活用することが有効だとわかってきた。

私は、世の中に存在するマイノリティ自身が、マーケティング手法を活用して社会問題を解決する手法を「マイノリティ・マーケティング」と名付けたい。本書はマイノリティ自身がその発想や具体的な手法についてまとめた、おそらく国内では初のものである。本書で定義する「マイノリティ・マーケティング」はマイノリティをターゲットとするマーケティング手法ではなく、マイノリティ自身がマーケティングする手法である。

マイノリティは常に、社会課題の当事者として、ニーズを把握されるべき対象、つまり、受け身の存在とみなされやすい。そうではなく、当事者自らマーケティングすることは、マイノリティにはできない技法が編み出せることに意義がある。ただ、それだけでは個別最適化が進み、社会全体のバランスがとれなくなるというジレンマに陥ってしまう。IGBでは、それを防ぐためにも、マイノリティに加えて、マジョリティも事業主体として参画したり、協働したりできるプラットフォームづくりにつとめた。そういう意味では、IGBは、他の当事者団体とは異なる運営方式を採っている。

そして、社会運動にマーケティングの手法を取り入れると、次のようなメリットがある。

・当事者だけでなく、幅広い活動仲間や支援者を集めることができる
・現状（課題がある状況）と理想（課題が解決した状況）のギャップを効率的に埋めること

ができる

・少ないリソース（人材、資金など）で効果的に活動を行なうことができる

本書を通して、マイノリティであっても、【社会を変えることはできる】ということを理解していただき、少しでもマイノリティが生きづらい社会が変わるきっかけとなれば、うれしい限りだ。マイノリティ・マーケティングを活用することで、ろう者だけでなく、他のマイノリティ、例えば、国籍、ジェンダー、年齢などさまざまなマイノリティ性を持つ人たちが社会課題に主体的に関与することで、社会が分断することなく、対話が進み、真のインクルーシブ社会に近づいていくことを願う。

第一章

聴覚障害という「見えない障害」

One sees clearly only with the heart.
Anything essential is invisible to the eyes.

…………Antoine, Jean-Baptiste, Marie, Roger, Pierre de Saint-Exupéry

心で見なければものごとはよく見えない。大切なものは目で見ることはできない。

…………アントワーヌ・ド・サン＝テグジュペリ

1　聴覚障害とはどういうものか

†もし言葉が通じなかったら……

YouTubeに、「Make the World Accessible」という動画がある。アメリカの手話通訳サービス会社が作成したものだ（図1）。

一人のアメリカ人の女性が地図を持って歩いている。道が分からず、街中で出会う人に道を聞くのだが、言葉が通じない。誰に聞いてもまったくコミュニケーションが成り立たず、最後には怒って持っていた地図を投げ捨てるという大変印象的なシーンで終わっている。

この動画で街中を歩いている人たちは、実はろう者であり、アメリカ手話を使ってコミュニケーションをしていた。地図を持っていたアメリカ人の女性は、聴者（きこえる人のこと）で手話が使えないため、彼らと意思の疎通ができなかった。皆さんの中にも、海外

図1　"Make the World Accessible" サムネイル画像
https://www.youtube.com/watch?v = yzTT7fKjexY

へ旅行に行ったときに、言葉が通じなくて困った経験がおありの方もいることだろう。それと同じようなことが、この動画では起きていたのだ。

　普段、日本に住んでいる日本人は、日本語を使用して自由自在にコミュニケーションを行なっている。彼らは、言語的マジョリティ（多数派）という立場にいるために、不自由なくコミュニケーションができる。しかし、この動画のように言語的マイノリティ（少数派）という立場に逆転したとたんに、不便な生活を強いられる。この動画では、言語的マイノリティがいつも経験していることを、映像を通して擬似的に体験することで、色々な示唆を得ることができる。

　このような不便を現実に強いられている聴覚障害者は、二〇一六年時点で日本に二九万七〇〇〇人存在し（厚生労働省、二〇一六）、そのうち、手話を使用する者は八〜九万人である（植村、二〇〇二）。この人たちは、言語的マイノリティとして、社会的に不利な立場に立たされている。聴覚障害者のうち手話を使用しない者も、聴者と比較して十分にきこえる訳ではなく、入手できる情報量に格差がある。彼らもまた、情報弱者としてマイノリティに属している。

†聴覚障害は情報障害

聴覚障害者は、きこえない・きこえにくいという障害ではなく、その先にあるさまざまなバリアに悩んでいる。一言でいうと、聴覚障害者は情報障害者でもあるのだ。

周りの人たちと使用している言語が違うことや、聴覚障害があることが理由で、入手できる情報に格差が生まれる。情報というのは目に見えないので、障害・障壁があることに周りの人が気付きづらい。そして、もっとやっかいなのは、聴覚障害者本人が受け取る情報に格差があるということに気付きづらく、また、格差がどのぐらいあるかを把握しづらいということだ。

聴覚障害者は聞き取りにくかったり、きこえなかったりする場合、図2のような穴埋め

図２　聴覚障害者が会話を聞き取る際のイメージ
IGB提供

パズルのようなイメージで、相手の言いたいことを推測する。

　このとき、一〇〇％正確に穴埋めができるとは限らないし、足りていない情報がどのぐらいあるのかは分からないことがほとんどだ。

　補聴器や人工内耳（内耳に電極を埋め込み、周囲の聴神経を直接に電気刺激して聴覚を取り戻す人工臓器）などの機器を利用しても、聴者と一〇〇％同等になることはできないし、多人数での打ち合わせや、やかましい場所での会話など、条件が悪い場での聞き取りは難しい。自助（自力で解決すること）は非常に難しく、周辺の人たちの理解と支援が必要だ。

図3　後ろから話しかけられると、気づかないことが多い
IGB提供

†聴覚障害者に起きる情報格差

聴覚障害者は、視覚を活用して周りの状況を把握している。聴者は物音や周りの会話を拾うことで、目に入らない部分まで把握しているが、聴覚障害者の場合は、視野に入っているぶんしか認識できないことが多い。人と話すときも、口話法で口の動きを見たりして、会話の内容をどうにか知ることはできるが、マスクをしていたりすると難しくなる。

よくあるのは、図3のように、聴者が後ろから聴覚障害者に向かって話しかけても気づかれない、というケースだ。視野の中に相手が入っていないからだ。そのようなとき、聴者は無視されたと誤解をしてしまうことがある。これでは、仕事仲間などと円滑なコミュニケーションをとることがいっそう難しくなってしまう。

このように、コミュニケーションの取りづらさが原因で発生する情報格差が、さまざまな場面において生涯にわたって連続して発生するため、聴者と聴覚障害者の間の情報格差は膨大なものとなり、所得・健康・生活などあらゆる面で不公平を生み出している。

†格差のもたらす悪影響

こういった格差について、世界はどのようにみているだろうか。

OECD（経済協力開発機構）は、「格差の拡大は、社会の団結に影響を及ぼすだけでなく、長期的な経済成長にとっても有害である」ことを指摘している。たとえば、一九八五〜二〇〇五年の所得格差の拡大によって、一九九〇〜二〇一〇年の累積成長率が、長期系列を入手可能なOECD諸国平均で四・七ポイント下がったと推計されている。その主な原因が、所得分布の下位四〇％の低所得世帯と残りの人口の間の所得格差の拡大だ。

二〇一五年九月の国連サミットで加盟国の全会一致で採択された持続可能な開発目標（SDGs : Sustainable Development Goals）は、一七のゴール、一六九のターゲットから構成され、地球上の「誰一人取り残さない（leave no one behind)」ことを誓っている。その中でも、目標一〇として、「人や国の不平等をなくそう」が定められている。一〇－二には、「二〇三〇年までに、年齢、性別、障がい、人種、民族、生まれ、宗教、経済状態などにかかわらず、すべての人が、能力を高め、社会的、経済的、政治的に取り残されないようにすすめる」とあり、格差の一つである情報格差をなくすことは、世界的にも重要な施策だ。

2 勉学、労働、生活における不利益

†あらゆる場面で健康と幸福が損なわれる

聴覚障害者は、情報格差によって「ウェルビーイング（well-being)」を損なうことが多い。「ウェルビーイング」とは、直訳すると「幸福」「健康」という意味で、世界保健機関（WHO）憲章の前文には、こう書かれている。

"Health is a state of complete physical, mental and social well-being and not merely the absence of disease or infirmity."

健康とは、病気ではないとか、弱っていないということではなく、肉体的にも、精神的にも、そして社会的にも、すべてが満たされた状態にあることをいいます。（日本WHO協会仮訳）

聴覚障害者にとって、「ウェルビーイング」とは、勉学、労働、災害などあらゆる場面において、情報が十分に得られて、かつ、周りの人と自由にコミュニケーションができる状態のことだと考える。しかし、実際には、次の通り、ウェルビーイングを損なう事態が発生している。

・学校にて勉学に関する情報が十分に得られず、成績に影響を及ぼす。
・職場にて業務に関する情報が十分に得られず、本来持っている能力を発揮できず、活躍の場やキャリアアップの機会が得られない。

・災害が発生したときに、災害情報・避難情報が分からず、命を守ることができなかったり、避難所での連絡情報が分からず、食物・水などの救援物資を得ることができなかったりする。

このように、聴覚障害者のウェルビーイングが損なわれる場面は、勉学、労働、災害などさまざまだ。ここからは、私自身のことも含めて、いくつか具体例をみていく。

†やりたい勉強ができない

私は、将来は医師になりたいという夢を持っていた。幼少の頃、家に『家庭の医学』という、家庭向けに病気について説明しているぶ厚い書籍があった。何か不調があるとその書籍を調べて、この病気は○○であると自己流の診断をしたりしていた。また、私のかかりつけのクリニックの先生は、祖父の友人ということもあって身近な存在であり、丁寧に診ていただいていてとても良い印象を持っていた。そういうこともあって、大学受験時には医学部を受験しようと考えていたが、当時は聴覚障害者が医師になることができなかった。

医師法では二〇〇一年まで、視覚・聴覚・言語等の障害者に対しては「目が見えない者、耳がきこえない者又は口がきけない者には免許を与えない」と免許の交付を制限する絶対的欠格条項が定められていた。

また、医学部だけでなく、理系の一部の学部・学科では、実験上の安全確保のため、入学を制限していた。このため、医学に近い生物学や化学などの学科も、一部の大学では受験することができず、不本意ながらも大幅に進路を変更せざるを得ない状況にあった。

仕方がなく、当時進学可能だったところで医学に一番近い、生物物理学を専攻することになった。その後、聴覚障害があっても医療現場で活躍している者がいることが少しずつ明らかになり、障害があるかどうかよりも、本人の能力がその業務に適合するのかを判断することが重要になってきた。

現在では、障害者が社会の中で出会う、困りごと・障壁を取り除くための調整や変更としての「合理的配慮」が、人的支援や機器の活用などの手段で提供されることによって、聴覚障害者ならではの手法で医療の一翼を担うことができている。聴覚活用だけでは困難があるが、実際には診断や看護の技術にも多様性があるからだ。支援技術も発展しており、たとえば、以前は体内の心拍音などの音を聞き取ることは聴覚障害者にとって難しかったが、聴診器に増幅装置や可視化装置が付いたものが開発されている。また、補聴器や人工内耳の技術進歩により、聴覚活用の可能性も広がっている。

そうした状況もあり、二〇〇一年に絶対的欠格条項は改正され「次の各号のいずれかに該当する者には免許を与えないことがある。（中略）心身の障害により業務を適正に行なうことができない者として厚生労働省令で定めるもの」という相対的な内容になった。視覚障害・聴覚障害者の保健医療関連をはじめとする資格取得への道が拓かれたのだ。

その結果、聴覚障害を持つ医師や看護師が各方面にて活躍するようになった。医療関係の資格を有する聴覚障害者などで構成される、聴覚障害をもつ医療従事者の会では、医師一六名、歯科医師四名、看護師（保健師・准看護師含む）二三名、薬剤師二五名など多くの方が会員となっており、社会進出が増えていることを示している（二〇二二年一二月時点）。

†さまざまな欠格条項

障害者の権利を奪う欠格条項は、進学や職業選択にかかわるものばかりではない。「障害者欠格条項をなくす会」は、現在も残っている欠格条項をなくすために、二〇年以上にもわたって勉強会の開催や、政府などへの要望を続けている。この「障害者欠格条項をなくす会」によれば、欠格条項は一五〇年にもわたって存在している。

一八七〇年代には、知的障害者、精神障害者には被選挙権を「認めない」、ろうあ者や盲人には医師免許や運転免許を「与えない」などの欠格条項がつくられていた。これはおかしいと気づいた人たちが、一九六〇―七〇年代にかけて、障害や病があっても運転などはできるのに、法律が認めないのは差別ではないかと、いくつかの裁判を起こしたり、議員への要望活動などを行なったりした。

その後、試験に合格したのに免許を交付されなかった人の声と世論によって、一九九〇―二〇〇〇年代に、運転免許の障害を理由とする欠格条項がはじめて見直され、そのあと、徐々に制限が緩和された。そして、二〇一〇―二〇年代に、「成年後見人、保佐人がついた者は、医師、税理士等の資格や会社役員、公務員などの地位を失う」などの欠格条項が削除された。

しかし、成年後見制度と連動する欠格条項を削除した法律の大部分に「心身の故障」欠格条項が新設された。その多くが「心身の故障」とは「精神の機能の障害」と定めており、精神障害や知的障害、発達障害を持つ者には相対的欠格条項が残っているのは問題だ。

†勉学の情報サポートが不十分

私が進学した当時は、聴覚障害者が大学へ行くことが珍しく、大学にも支援のノウハウが皆無で、聴覚障害学生が自らノートテイク（講義のときに聴覚障害学生の隣に座り、講義内容や教室内で起こっていることを忠実に聞き取り、遅れずに筆記〔手書きやパソコンなどを使用〕する通訳の一つの形態）などの支援を得られるように、大学側と交渉したりしていた。

私の場合、勉学だけでも大変な状況で、大学と交渉することもなかなか難しく、実際に交渉を始めたのは三年生のときだった。四年生になったときに、大学院生にアルバイトをしていただく形で、ようやくゼミにティーチング・アシスタントをつけることができた。しかし、これはノートテイクではなく、不明点があれば質問を受け付けるといったものだったので、そもそも議論の内容がわからない私には質問すらできず、うまく活用できないまま終わってしまった。そういうこともあって、大学時代は満足いく勉強をすることができなかった。

それから三〇年経った現在、全国の大学・短期大学・高等専門学校のうち約四一％に聴覚・言語障害学生が在籍している。そのうち、ノートテイクの実施率は約二五％、パソコンテイクは約二三％、手話通訳は約一〇％という状況だ（JASSO、二〇二二）。ちなみに、要望に対する実現の割合を調べた調査研究によれば、パソコン・ノートテイクについては八割以上の大学で、手話通訳については約六割の大学で要望に応えることができているが、いずれの手段でもいまだ一〇〇％には届いておらず、十分な状況とは言いがたい（白澤他、二〇二二）。この、ノートテイクやパソコンテイク、手話通訳のような支援を「合理的配慮」、もしくは情報入手やコミュニケーション支援を指して「情報保障」という。

欠格条項の見直しが行なわれても、それがすぐにきこえない子どもや学生の学ぶ環境の改善につながるとは限らない。義務教育において、聴覚障害児のコミュニケーションを支援するための仕組みづくり（情報保障）が十分になされていないため、「学びの上での情報量の格差」の要因になっている。その結果、学業成績に悪い影響を与えている。

現在、情報保障は、各都道府県の教育委員会が個別対応しており、地域格差が生じている。また、教員が情報アクセスのサポートに回るケースでは、情報保障に関する専門的な知識もなく、多くの場合は、十分なサポートができていない。また、聴覚障害児が、学ぶ上で必要な情報を収集したり、情報保障をつけてもらうために自ら動いたりすることによる心理的負担が大きく、メンタルヘルスへの影響も大きいのが現状だ。ノートテイクの育成や学術分野での手話通訳の養成が急務となっている。

情報保障に携わる者の育成などについては、二〇〇四年一〇月に全国の高等教育機関で学ぶ聴覚障害学生の支援のために立ち上げられた日本聴覚障害学生高等教育支援ネットワーク（PEPNet-Japan）において、育成のための教材開発やコンサルティングなどが行なわれている。

そして、この問題にコロナ禍が拍車をかけている。最近は感染防止のためにマスクを着用している人がほとんどだが、相手の口や表情が見えないと、口話を使用している聴覚障害者にとっては、得られる情報が激減してしまう。

特に対面教育が行なわれているところでは、教員の口や表情が見えないと、講義の内容がわからず、学業に大きな影響を引き起こす事態となっている。

†職場での給料格差やキャリア格差

聴覚障害者が一カ月にもらえる給料の平均金額は、聴者の六七％しかないという事実をご存じだろうか（厚生労働省、二〇一八を参考に筆者が算出）。身体障害者の中でも、聴覚障害者は昇格経験が少なく（肢体障害者の半分）、職場定着率が悪い（岩山、二〇一三）。

毎月支給されている給料の平均額を障害種別ごとにみると、「内部障害」二四・七万円、「肢体不自由」二〇・五万円、「視覚障害」二三・五万円、「聴覚障害」二〇・五万円となっており、聴覚障害者の給与額はすべての障害種別の中で最低となっている（厚生労働省、二〇一八）。

障害別にみた昇進経験者の割合は、「肢体不自由」三一・七％、「内部障害」三〇・二％、「視覚障害」二五・二％、「聴覚障害」一六・一％となっており、聴覚障害者の昇進をめぐる厳しい現実がみえてくる（岩山、二〇一三）。

聴覚言語障害者の転職経験率は四〇・六％で、この数値は障害者全体の転職経験の割合（三四・一％）を超えている（同前）。また、障害者全体の転職の理由としては、「賃金・労働条件」（二〇・五％）、「職場の人間関係」（一九・九％）、「仕事の内容」（一九・二％）など職場や職務の状況に関することが多く挙げられている（厚生労働省、二〇一二）。

聴覚障害者は、コミュニケーションが困難なため、情報を思うように得られず、職場で孤立する傾向があり、職場に定着しにくく、勤続年数が短くなり、給料やキャリアアップの面で格差が生じていることが考えられる。

†災害時に命や生活を守ることが難しい

二〇一一年三月一一日に東日本を襲った巨大地震と津波によって、障害者も甚大な被害を受けた。岩手県、宮城県、福島県の総人口に対する死亡率が〇・七八％であったのに対し、障害者の死亡率は一・四三％と二倍に上がった。聴覚障害者は、一・九六％と同等の傾向となった（ＮＨＫ制作局福祉班、二〇一二）。聴覚障害者の場合は、避難情報が伝わらず、逃げ遅れた可能性が高い。また、避難所では食料、灯油や生活用品などの支援物資の提供が音声アナウンスで行なわれたために確保できなかったケースや、情報提供者となる家族や地域の人々との関係をうまく築けないケースがいくつかあった（松崎、二〇一三）。

また、家屋の被害がなかった地域でも、続く余震、原発事故、計画停電等による交通機関等の混乱、放射性物質による飲食物汚染などについて、聴覚障害者には情報がうまく伝わらず、混乱をきたし、心理的な負担が大きかった。情報を収集したり、家族や友人などに連絡するにもインフラが大きな影響を受けており、ＦＡＸもできない地域も多く、聴覚障害者の安否確認などに多大な時間を要した。

この東日本大震災を契機に、甚大な被害が出た岩手、宮城、福島の三県で、日本財団により、きこえない人ときこえる人をオペレーターが「手話や文字」と「音声」を通訳することによって電話で即時・双方向につなぐ電話リレーサービスが、試行サービスとして提供開始された。二年後、このサービスは全国が対象に切り替わった。この電話リレーサービスについての詳細は、第三章で述べる。

†障害は社会の側にある

聴覚障害者には、学校・職場・生活の場において、これまで述べてきたような障壁（バリア）が存在している。制度上の壁だったり、支援がないために生じる壁だったりする。

多くの人は、耳がきこえない、きこえにくいなどの心身機能不全のために日常生活や社会生活に支障が出ていることを「障害」といい、それが原因で社会生活において不便や困難が起こると考えている。この考え方は「障害の個人（医学）モデル」と呼ばれる。この個人（医学）モデルでは、障害を解消するためには、リハビリテーションなどによる個人の努力や訓練が必要だとし、医療の領域の問題だと捉える。

一方、社会の中でさまざまな障壁（バリア）に困っている人がいて、この障壁を「障害」と捉えるという考え方もあり、こちらは「障害の社会モデル」と呼ばれる。

障害の社会モデルは、一九八〇年代に障害学の分野で提唱され、二〇〇六年に国連（国際連合）で採択された障害者権利条約で「障害の新しい定義」として示された。社会モデルでは、社会や組織の仕組み、文化や慣習などの「社会的障壁」が、障害者など少数派（マイノリティ）の存在を考慮せず、多数派（マジョリティ）の都合で作られているために、マイノリティが不利益を被っていると考える。このようなマジョリティとマイノリティの間の不均衡が障害を生み出しており、社会が障害を作り出しているのであるから、それを解消するのは社会の責務と捉えている。

障害者権利条約ができた背景を見てみよう。

従来は、「障害」というと、耳がきこえない、目が見えない、車いす使用者等の肢体障害、知的障害、発達障害、精神障害など心や身体の機能の障害であり、個人の訓練やリハビリテーションで克服していくべきだという考え方が主流であった。このような障害の捉え方を障害の「個人（医学）モデル」ということは先ほど紹介した。

この社会には、障害者も健常者もすべてひっくるめて多様な人が存在しているが、その多様な存在に社会側が対応できていないのが問題である。これは社会側が抱える不備・不具合であり、この不備・不具合こそが「障害」なのだという考え方が主流になってきた。

このような障害の捉え方を障害の「社会モデル」という。この「社会モデル」は、一九八三年にマイケル・オリバー、ボブ・サーペイの "Social Work with Disabled People"（邦題『障害学にもとづくソーシャルワーク——障害の社会モデル』金剛出版、二〇一〇）の中で最初に提示された。そして、さらに、一九九〇年にマイケル・オリバーの "The Politics of Disablement"（邦題『障害の政治』明石書店、二〇〇六）で、さらに理論的に展開されていき、これが障害学の礎となった。このようにして、一九九〇年を境に、世界全体の「障害」に対する考え方がガラリと変わった。

障害者が生活を行なう上でのさまざまなバリアは、障害そのものに原因があるのではなく、社会との関わりの中で生じるという「障害の社会モデル」の考えがいろいろなところに浸透しはじめた。

この流れを受けて、「私たちのことを私たち抜きで決めないで（Nothing about us without us）」を合言葉に、世界中の障害当事者が参加して作成したのが、障害者権利条約だ。二〇〇六年に国連で採択されている。日本政府は二〇一四年一月に批准（条約に書かれたことを当事国が守ると同意をすること）をしている。

障害者権利条約は、障害者に特別な権利を付与するものでなく、障害者が障害のない人と同じように情報が保障されることや、障害のない人と共に学ぶインクルーシブ教育を受ける権利などを定めており、障害を持つ人が障害のない人と同じように生活することができるような社会を目指して作られた。

障害者権利条約では、一般的義務として、障害を理由とするいかなる差別もなしに、すべての障害者のあらゆる人権及び基本的自由を完全に実現することを確保し、及び促進すべきことを定めるとともに、身体の自由、拷問の禁止等の自由権的権利及び教育、労働等の社会権的権利について締約国がとるべき措置を定めている。条約を批准した国は、国際法として条約を守る義務が生じる。

日本でも二〇一一年に障害者基本法が改正され、「障害の社会モデル」が盛り込まれた。ここでは、個々の心身機能が少し違っても、社会環境を工夫することで、人々が社会参加できる機会は飛躍的に増加すると考えられている。

聴覚障害の場合、個人差はあるものの、補聴器や人工内耳などによる聴力活用を選択したとしても、完全にきこえる人と同等にはならない。個人の努力や訓練にも限界がある。そのため、重要なのは、社会の障壁をなくしていき、障害があってもなくても生きやすい共生社会に変えていくことだ。

私たちＩＧＢは、障害は障害者の中にあるのではなく、社会側にあるという「障害の社会モデル」を採用している。本書で「障がい」「障碍」ではなく「障害」と表記しているのも、社会にある障害物や障壁こそが障害者をつくりだしていると考えているからだ。

私たちの活動目標は、次世代の人々がはじめから社会の障壁がなく、勉学や労働において、制約を受けることがなく、学びたいことを学び、働きたい職場で働ける共生社会の実現である。その上で、マーケティングという視点が不可欠なのだ。詳細は、次章にて詳しく述べる。

参考文献

厚生労働省「平成二八年生活のしづらさなどに関する調査（全国在宅障害児・者等実態調査）」
植村英晴『聴覚障害者福祉・教育と手話通訳』中央法規出版、二〇〇一年
ＯＥＣＤ「格差縮小に向けて：格差縮小が全体の利益になるのはなぜか」OECD iLibrary https://www.oecd-ilibrary.org/sites/26d81e2b-ja/index.html?itemId=/content/component/26d81e2b-ja
外務省「JAPAN SDGs Action Platform」

https://www.mofa.go.jp/mofaj/gaiko/oda/sdgs/about/index.html
公益社団法人 日本WHO協会「世界保健機関（WHO）憲章とは」
https://japan-who.or.jp/about/who-what/charter/
「障害者欠格条項をなくす会」ホームページ
https://www.dpi-japan.org/friend/restrict/
独立行政法人日本学生支援機構（JASSO）「令和3年度（2021年度）大学、短期大学及び高等専門学校における障害のある学生の修学支援に関する実態調査結果報告書」二〇二二年
白澤麻弓、磯田恭子、萩原彩子、中島亜紀子、石野麻衣子、吉田未来「高等教育機関におけるろう学生への合理的配慮提供実態と支援を困難にする要因」『第59回日本特殊教育学会発表論文集』Web版、日本特殊教育学会、二〇二一年
白澤麻弓「聴覚障害学生に対するサポート体制についての全国調査」二〇〇五年
「日本聴覚障害学生高等教育支援ネットワーク（PEPNet-Japan）」ホームページ
https://www.pepnet-j.org/
厚生労働省「平成30年賃金構造基本統計調査」二〇一八年
厚生労働省「平成30年度障害者雇用実態調査」二〇一八年
岩山誠「聴覚障害者の職場定着に向けた取り組みの包括的枠組みに関する考察」『地域政策科学研究 vol.10』鹿児島大学、二〇一三年
厚生労働省「平成一五年度障害者雇用実態調査結果報告書」二〇一二年

NHK制作局福祉班「東日本大震災時のデータ（障害者の死亡率）」二〇一二年
松崎丈「東日本大震災で被災した聴覚障害者における問題状況―情報アクセスの視点から―」『宮城教育大学特別支援教育総合研究センター研究紀要』宮城教育大学特別支援教育総合研究センター、二〇一三年
https://mue.repo.nii.ac.jp/?action = pages_view_main&active_action = repository_view_main_item_detail&item_id = 734&item_no = 1&page_id = 13&block_id = 66
外務省「障害者の権利に関する条約」
https://www.mofa.go.jp/mofaj/gaiko/jinken/index_shogaisha.html

第二章

社会の課題×マーケティング

I alone cannot change the world, but I can cast a stone across the waters to create many ripples.

……………Mother Teresa

私ひとりでは世界を変えることはできません。しかし、水に石を投げることで、多くの波紋を作り出すことはできるのです。

……………マザー・テレサ

1　マーケティング手法を取り入れる理由

†社会を変えるためのカギ

第一章で述べたように、「障害の社会モデル」という捉え方によって、障害者ではなく社会の側に課題があることが明らかになりつつある。IGBは、社会にある情報バリアやコミュニケーションバリアという課題を解決するために、社会に訴求し、社会を変えていく必要がある、と考えている。このために必要なのが、マーケティングの手法だ。

また、あらゆるものを取り巻く環境が変化し、将来の予測が困難になっている現代では、社会問題の原因が複雑になってきており、解決するためのハードルが高くなってきている。そのような現代にあっても、より迅速に、より正確に、解決ができるようにしていくためには、広範囲のステークホルダー（利害関係者）に効率的にアプローチし、施策の実行・改善をスピーディに行なうためのマーケティング手法が役に立つ。

†マーケティングの基本

私は、大手総合電機メーカーでデジタルマーケティングの仕事を一〇年以上担当している。企業によって多少の内容の違いはあるが、営利企業のデジタルマーケティングは、主に以下のようなプロセスで行なわれている。

① 顧客に対して、Ｗｅｂサイト、Ｅメール、セミナーなどのアプローチ手段により、商材の情報提供を行なう
② ①の情報提供において、Ｗｅｂサイトアクセスやアンケート回答などの反応を分析し、有望な顧客を絞り込む
③ 営業と連携して、顧客の抱えている問題などのヒアリングや製品紹介などのセールスを行ない、案件化を行なう

このプロセスの中で、さまざまなデータを分析して改善ポイントの提案を行なったり、さまざまなツールの導入や運用を行なったりしている。このような経験から、私はマーケ

ティングの持つポテンシャルの高さを認識しており、NPO活動においても、活用できないかと考えていた。

代表的なマーケティングの専門家であるフィリップ・コトラーは、マーケティングを次のように定義している。

> どのような価値を提供すればターゲット市場のニーズを満たせるかを探り、その価値を生み出し、顧客に届け、そこから利益を上げること。(コトラー、二〇〇一)

マーケティングの定義はさまざまだが、顧客が求めている「価値」を生み出し、届けるという点では共通している。コトラーは、それに加えて、「どのような価値がターゲットのニーズを満たせるかを探る」と言っている。ターゲットの価値を実現し満足を与えるためには、ニーズを正しく理解する必要がある。そして、これはNPO活動においても通じるものがある。営利事業では、顧客ニーズに合った製品やサービスを買ってもらうためのマーケティングだが、非営利事業では、社会が求めているニーズ(社会問題の解決)を満たすために、さまざまなソリューションを提供するためのマーケティングといえる。目的は違うが、そこに至るプロセスや考え方は、共通している。

†非営利事業にも「顧客」がいる

営利事業における「顧客」とは、商品・サービスを提供する相手だが、非営利事業においては、顧客は二種類いると考えることができる。

第一の顧客は、「社会問題の解決」「社会への新しい価値の提供」によって、利益を得る者だ。たとえば、情報格差によって不利益を被っている聴覚障害者などの当事者である。彼らは、社会に存在する情報格差という問題を解決することで、ウェルビーイングを上げることが可能になる。

第二の顧客は、NPOが行なう事業のミッションに共感し、寄付やボランティアなどで事業を支えてくれる方だ。

NPOに向けてマーケティング等のコンサルティングを行なっている長浜洋二さんは、著書の中で、寄付やボランティアなどの支援を獲得するための活動を支援者向けのマーケティングと定義し、その具体的な種類を「金銭的支援（寄付・会費など）」「物品支援（物品・会議室など）」「人的支援（ボランティア・プロボノ（社会的・公共的な目的のために、職業上のスキルや専門知識を活かして取り組むボランティア活動」など）」の三つの分類で示している（長浜、二〇一四）。

†社会問題を解決する手法

企業活動においては、マーケティングは必ずしも利益を最大化するだけの手法ではなくなってきている。「社会問題の解決」「社会への新しい価値の提供」に取り組む企業も増えてきているなか、企業が社会的責任を果たして信頼を獲得し、ブランドイメージを向上させる手法は「ＣＳＲ（企業の社会的責任）マーケティング」と呼ばれる。また、社会問題への取り組み内容をステークホルダーに対して情報開示し、企業価値向上につなげている事例もある。

たとえば、飲料メーカー大手のサントリーグループは、Ｗｅｂサイトにて、「水」などの七つのテーマにおいて、サステナビリティ（持続可能性）に対する考え方や取り組みを紹介している（図４）。このサステナビリティ活動において、サントリーグループの考え方、理念、行動指針について社会における認知と理解を上げ、浸透させ、企業価値向上につなげている。Ｗｅｂサイトには、サステナビリティに対する考え方や取り組みが分かり

図4　「サントリーグループ：サステナビリティに関する7つのテーマ」ホームページ
https://www.suntory.co.jp/company/csr/

やすく書かれていて、国際社会が抱えている環境問題などに真摯に向き合い、企業として最大限の努力を行なっていることが読み取れ、優れた事例である。

少人数での活動の限界を突破する

IGBメンバーのほとんどは、会社員が本業で、専従者は一人もおらず、NPO活動に割くことのできる時間が限られている。また、多くの当事者団体が、全国レベルにおいて、たくさんの会員や関係者と共に、当事者として抱えてきた課題を解決しようと、さまざまな活動を進めているのに対して、IGBは会員数一〇〇名弱と小規模な、歴史の浅いNPO法人であり、社会的なプレゼンスもさほどない。そのため、事業対象を絞って効率的に社会に働きかける必要があった。

そして、社会にある情報バリアやコミュニケーションバリアという課題を解決するためには、一〇年以上という長期的な取り組みが必要である。NPO法人の事業を持続可能なものにしたいと考えていたため、事業を効率的に進めていく必要があった。

これらの問題をクリアするためにも、マーケティング手法は非常に効果的であった。マーケティング活動を自動化、効率化するためのノウハウやツールは色々あり、少ない労力で効率的に多くの方にリーチ可能な手法も蓄積されている。また、マーケティングの手法を用いて事業を効率化することによって、パラレルキャリア（本業を持ちながら、第二のキャリアを形成すること）が可能になるという利点もあった。

パラレルキャリアとは、もともと経営学者のP・F・ドラッカーによって提唱された概念である（ドラッカー、一九九九）。

このパラレルキャリアには、本業と異なる活動や経験をすることで、新たな考えやスキルを身につけることができ、本業にもフィードバックができるというメリットがある。実際、私も本業はマーケティングだが、その知見をNPO活動に活かしたり、逆に本業にNPO活動で得た知見を活かしたりと、二重のメリットがあった。

特に、ステークホルダーの立場に立って、どのような伝え方をするとより効率的に伝わるか、また、望ましい方向に変化してもらえるかと考えることは、本業とNPO活動の両方で、大きなポイントとなった。物事の本質を見抜き、迅速に対応することが得意な私にとって、本業もNPO活動もそれぞれが十二分に発揮できる活動の場とすることができたのは、本当に有難いことである。その環境を備えてくださったり、配慮してくださったりなど、あらゆる形で協力してくださった職場の上司・同僚・部下やNPOの仲間たちに心から感謝したい。

2 事業の方針と内容を決める

†マーケティングの使える考え方

ここからは、IGBの活動を例に、非営利事業を営む際に使えるマーケティング手法を紹介していく。

IGBでは、まず、事業全体の方針を決定するにあたって、事業ターゲットを設定した。

この段階では、事業の対象としてどのような社会問題を解決していくか、また、そのステークホルダーは誰か、そして、ＩＧＢはどのような立ち位置かを決めた。

そして、事業の中心的な進め方として、三つのアクションを定めた。三つのアクションとは、アドボカシー（広報活動）、エンゲージメント（世論形成）、リコメンデーション（要望活動）である。以後、順を追って見ていこう。ちなみに、アドボカシーは一般的には「権利擁護」のことだが、本書では、マイノリティの権利を擁護するための広報活動という意味で使用している。

事業ターゲットの設定

ＩＧＢをスタートする際、事業のターゲットを誰にするか議論を重ねた。ターゲットを決めることで、必要とされる分野を正確に特定でき、事業効率を向上させることができる。

そのときに使用したマーケティング手法が、ＳＴＰ分析である。営利企業では、新製品の販売戦略の検討や新ブランドの定着方法の検討などに使われており、無駄のない最適な事業の進め方を決めることができる。ＳＴＰ分析のそれぞれの要素は次の通りだ。

S：Segmentation セグメンテーション――さまざまな立場の人（ステークホルダー）やニーズを把握してグループに分類すること。

T：Targeting ターゲティング――事業のターゲットとするステークホルダーやニーズを決定すること。

P：Positioning ポジショニング――自分の団体の立ち位置をしっかり定めること。

†社会問題を対象に

セグメンテーションは、ステークホルダーやニーズを分類することである。IGBは聴覚障害の当事者を中心とした団体であることと、情報バリアやコミュニケーションバリアの解消を目標としていることから、まず思いつくのは対象者の属性を軸として「聴覚障害の当事者／非当事者」に分類することだろう。しかし、これによってIGBが聴覚障害者だけをターゲットにした事業、たとえば、聴覚障害者向けスキルアップ事業を立ち上げたとする。これでは、事業対象が、その属性の人だけに狭められてしまい、他の属性に訴求しづらいというデメリットがある。

もうひとつ、ニーズを軸に分類し、「情報バリア・コミュニケーションバリアの解決」

をセグメントとして設定するという考え方もある。この場合、対象者が多くなるので、仲間を集めたり、関係団体や国や地方自治体の政策とコラボレーションしたりすることで、事業成果を最大にすることができるだろう。その一方で、対象が広がり、訴求メッセージが万人受けになってしまい、訴求ポイントがぼやけてしまうというデメリットもある。

ＩＧＢは、それぞれの軸で分類した場合におけるメリット・デメリットを比較し、社会全体へ訴求した場合のメリットのほうが大きいと判断し、当事者のための団体ではなく、社会問題を解決するための団体とするという方針を打ち立てた。多くの当事者団体は、当事者が抱えている悩みや問題点を解決するために活動しているが、当団体は当事者が抱えている「悩み」や「問題点」を社会の問題として捉え、それを解決することを目指すことにした。こうして、セグメントとして「情報バリア・コミュニケーションバリアの解決」を定義した。

「情報バリア」とは、端的に表現すると、「情報が伝わることを邪魔するもの」だ。情報へのアクセスしやすさ、つまり、情報アクセシビリティが不足していることが原因であることが多い。聴覚障害者にとって、手話通訳や文字通訳がないことは、「情報バリア」があるということになる。

「コミュニケーションバリア」とは端的に表現すると、「考えや気持ちを伝えることを邪魔するもの」だ。人はさまざまな方法を使って考えや気持ちを伝えるが、相手が理解できる方法でないと、ちゃんと伝えることができない。その原因としては、相互理解の不十分さがあると考えている。

そして、取り組むべき情報バリア・コミュニケーションバリアはどこにあるのか、分野ごとにさらに細かく分類した。

次に行なうターゲティングとは、先に定義したセグメントの中から、事業のターゲットとするニーズやステークホルダーを決定することである。IGBがターゲットとする分野は、「労働・生活分野における情報バリア・コミュニケーションバリア」とした。IGBメンバーに労働・生活分野の専門家（企業内活動家や弁護士など）が存在しており、強みを発揮できると考えたからである。こうしてターゲットを決めることで、その分野に特化した取り組みが可能になり、少ない労力を効率的に活用し、成果をあげやすくなる。

†先行する当事者団体との関係

最後に、ポジショニングとは、自分の団体の立ち位置をしっかり定めることである。

	事業全体の方針
S セグメンテーション Segmentation 様々な立場の人（ステークホルダー）やニーズを把握してグループに分類すること	情報バリアやコミュニケーションバリアの解消
T ターゲティング Targeting  事業のターゲットとするステークホルダーやニーズを決定すること	労働・生活分野における「情報バリア・コミュニケーションバリア」を扱う ステークホルダーには当事者（聴覚障害者）、地域や家族や企業、国と自治体が含まれる
P ポジショニング Positioning 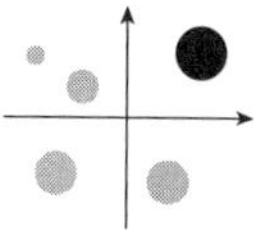 自分の団体の立ち位置をしっかり定めること	ICT など先端技術を必要とする分野や一般企業の就労を専門とする

図 5　IGB における STP 分析の応用

先行する既存の当事者団体（聴覚障害者関連団体）として、全日本ろうあ連盟や全日本難聴者・中途失聴者団体連合会などの団体がある。これらの団体は各都道府県に加盟団体を持ち、全国的な運動体として活動の歴史がある。聴覚障害者にかかわる福祉施策に影響力を持ち、国、都道府県、政令市、市区町村のレベルに至るまで会議体に当事者団体として参画する場面も多いし、独自のさまざまな事業を展開している。こうした団体と事業上のコンフリクトが発生することがないように、ポジショニングについては、十分な留意を払って進めた。

こうしてIGBは、これまで当事者団体によってあまり取り組まれたことがない分野や、他団体との相乗効果が生じる分野を中心に事業を進めた。具体的には、ICTなど先端技術を活用した情報・コミュニケーションバリア解消や一般企業における聴覚障害者の定着問題を主に取り扱ったり、SDGsや人権分野などについて、同様な取り組みをしている他団体が存在している分野において障害者の立場で関わったり、といったことである。

†自助・共助・公助のバランス

STP分析を終えて事業ターゲットが決まったら、ターゲットに合わせた事業内容を決定する。聴覚障害の有無ではなく「情報バリア・コミュニケーションバリアの解決」というニーズを事業ターゲットにしたので、事業の対象となるステークホルダーは多様である。

それぞれに最適な事業を模索するなかで見つけたのが、防災対策の三要素としてよく使われている「自助、共助、公助」である。IGBは当事者が抱えている「悩み」や「問題点」を社会の問題として捉え、それを解決することを目指しているため、(1)個人、(2)企業・地域・家族など個人周辺の領域、(3)公的な政策・施策の三つにアプローチできるこのフレームワークはぴったりだった。

自助、共助、公助については、さまざまな定義があり、また、役割や優先順位についても議論がなされているが、IGBでは以下のような定義としている。

自助——個人の努力
共助——企業、地域、家族など、個人周辺の領域で行なわれる支援
公助——公的な政策・施策として行なわれる支援(社会保険制度など)

相互理解を阻害する「コミュニケーションバリア」と情報アクセスを阻害する「情報バ

リア」を解消するためには、「自助、共助、公助」それぞれをバランス良く実現することが必要だ。ＩＧＢは、次のように、「自助、共助、公助」をそれぞれ連携して進める事業を策定した。

「自助」の実現——当事者が自立して情報を入手して情報発信するための「情報リテラシー」や、周辺の人に自分の障害や特性などを説明して理解を得た上で支援を得るような説明能力としての「セルフアドボカシー」の向上を支援。

「共助」の実現——多くの人に「コミュニケーションバリア」と「情報バリア」について理解してもらう啓発活動の実施。

「公助」の実現——インクルーシブ社会の構築のため、政府などの関係団体に「コミュニケーションバリア」と「情報バリア」の解消のための仕組みづくりや法制定や法改定の要望活動を実施。

当初は「自助」と「共助」を重視していたが、那部さんとの出会いで「公助」の重要性を痛感したのは、「プロローグ」で述べたとおりだ。現在のＩＧＢは、いずれかに偏ると全体が上手く機能しないと考えて、「自助、共助、公助」のバランスを意識している。自助でできる範囲は自己能力、障害・障壁の有無によって、共助でできる範囲は個人周辺の領域でのつながりの強弱によって、限られている。自助だけ、共助だけでは限界がある。それに加えて、セーフティネットとしての公助は必要不可欠である。

予測困難な現代では、自助・共助・公助のバランスはこれまで以上に重要になってくると考えている。将来の予測が困難になっている現代は、ＶＵＣＡと呼ばれている（章末コラム参照）。

†ＩＧＢの三つのアクション

事業のターゲットと内容を決めたら、社会を変えるための具体的なアクションを起こす。ＩＧＢの具体的なアクションは、アドボカシー（広報活動）、エンゲージメント（世論形成）、リコメンデーション（要望活動）の三つである（図６）。

「アドボカシー」は、自助を進めるためのアクションだ。自分の意志をうまく伝えること

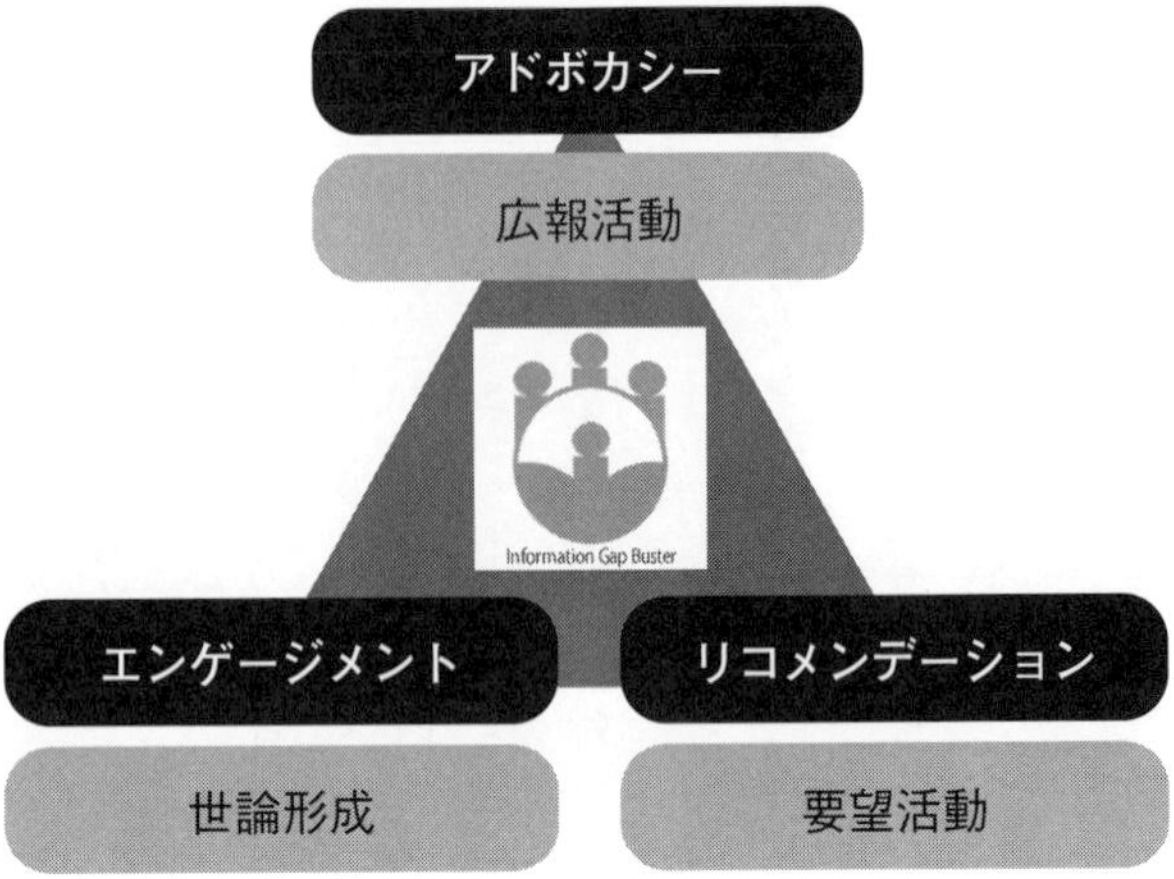

図6　IGBの3つのアクション

のできない当事者に代わって、問題点を社会や行政に提示し、理解・支援を得たりすることだ。お困りごとの広報活動である。

「エンゲージメント」とは、一般的に「約束」という意味だが、マーケティング用語では、顧客と継続的で強い「つながり」や「関与」を促すという意味で使用している。つまり、社会や行政に「コミュニケーションバリア」と「情報バリア」に関心を持っていただき、解決に向けて共に取り組むことができるように働きかけるということだ。共助を進めるためのアクションである。具体的には、メディアを活用して、世論形成を行なっている。

「リコメンデーション」もマーケティングで使用される用語で、顧客の好みを分析し、その顧客に興味・関心がありそうな情報を提示することだ。たとえば、Amazonなどのネットショッピングで購買履歴や参照履歴を元に「おすすめ」を表示することをリコメンデーションという。ここでは、行政に対して、興味・関心を持てる数値データを提示し、問題があることを認識していただき、解決のための政策づくりを促すということだ。具体的には、政策形成に関わることである。これは公助の実現に対応している。

この三つのアクションのうち、リコメンデーションは「直接的アプローチ」、アドボカシーとエンゲージメントは「間接的アプローチ」である。直接的アプローチとは、国や地方自治体に直接働きかけること。間接的アプローチは、広報活動やメディアを活用した世論形成によって、国や自治体の政策形成に間接的に働きかけることだ。

†アドボカシーはなぜ必要か

それぞれのアクションが必要になる背景には、当然、情報バリアやコミュニケーションバリアに悩む人たちにとって、「自助、共助、公助」が不十分であるという現実がある。まずは「アドボカシー」をみていこう。改めて確認すると、「アドボカシー」とは、自分の意志をうまく伝えることのできない当事者に代わって、問題点を社会や行政に提示し、

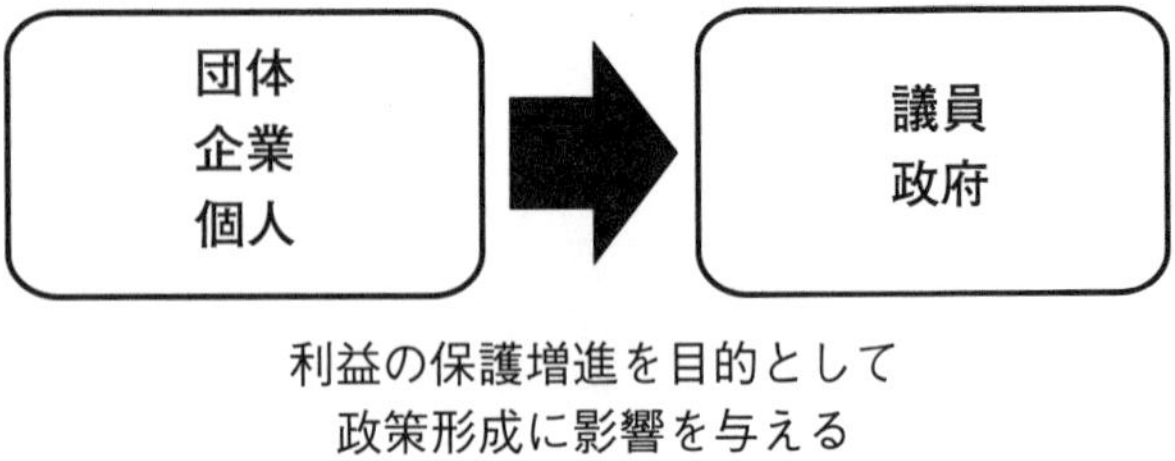

図７　当事者の声を政策形成につなげる

理解・支援を得たりすることである。聴覚障害者自身の「自助」を底上げする活動だ（図７）。

現状は、聴覚障害者が育ってきた環境（家族、教育、支援の有無など）が言語獲得に影響を及ぼし、その結果、情報・知識取得に差が出ている。情報や知識が少ない人は、言語化の力が低くなってしまう。そうすると、自分の障害について周囲の人に説明することができず、周りの理解を得られにくい。聴覚障害児が社会で適切な支援を受け、よりよく生きるためには、当事者自身が自身の聴こえや補聴方法など必要な配慮について周囲に説明できる、セルフアドボカシーの能力が欠かせない。

しかし、聴覚障害児のセルフアドボカシーの習熟度は、小学校高学年でも「習熟している」レベルに達するのは二〇％にとどまっている（木村、二〇二〇）。

セルフアドボカシーの育成のためには幼少期からの系統だった教育プログラムが必要だが、まだ確立されていない。今後確立していくために、更なる調査・研究が必要な状況だ。

そのため、支援者による代弁や、当事者のエンパワーメント（元々持っていた能力を引き出すこと）が必要だ。行政に対してロビイングを行なう際に、当事者の生の声を拾い上げ、アドボカシーを進めていく必要がある。

†エンゲージメントはなぜ必要か

「エンゲージメント」は、社会や行政に「コミュニケーションバリア」と「情報バリア」に関心を持っていただき、解決に向けて共に取り組むことができるように働きかけることだ。たとえば、セミナーやワークショップなどのイベントで、どのような問題があるのか、誰がどのようなことに困っているのかを具体的に説明したり、体験してもらったりすることで、共に考える場を設けて、対話をするといった方法がある。また、世論形成のためのコンテンツ（意見記事）をさまざまなメディアに掲載し、「自分ごと化」してもらう。

現在、エンゲージメントを得る上で障壁となっているのが「無関心」「無理解」「思い込み」だ。

無関心――相手の立場などに関心がないと、自分の基準で物事を判断してしまうため、相手によっては言動により不快な気持ちにさせたり、傷つけてしまったりする。「マイクロアグレッション（無意識の偏見や差別によって、悪意なく誰かを傷つけること）」の原因となる。このため、コミュニケーションが成り立たず、エンゲージメントを得られにくくなる。

無理解――相手の立場や背景などを十分理解できていない場合、「無関心」と同様に自分の基準で物事を判断してしまうため、コミュニケーションが成り立たず、エンゲージメントを得られにくくなる。

思い込み――相手に対する一方的な思い込み、すなわち「アンコンシャス・バイアス（自分自身は気づいていないものの見方やとらえ方の歪みや偏り）」というものだ。相手の立場や背景などを勝手に推測して言動を行なうと、ずれが生じてしまい、コミュニケーションが成り立たず、エンゲージメントを得られにくくなる。

「無関心」「無理解」「思い込み」は、いずれもマジョリティが、マイノリティに対して取ることが多い反応だ。マジョリティの多くは、自らが属する社会集団にいることで、労なくして得ることのできる優位性を持っている。たとえば、言語的マジョリティは、自分の生活圏で主に使用されている言語（日本語）を特に苦労することなく使用して、情報を入手したり、コミュニケーションを図ったりすることができる。しかし、言語的マイノリティ（ここでは、主に日本手話を使用するろう者）は、自分の生活圏で主に使用されている言語（音声日本語）を使用するときに苦労することが多い。ちなみに、第五章で詳しく述べるが、日本手話は日本語とは違う文法体系を持った言語だ。

「無関心」「無理解」「思い込み」は、明らかに差別ではないものの、マイクロアグレッションを引き起こし、マジョリティがマイノリティに対して、精神的・心理的に抑圧を起こす可能性がある。こういったことが原因で、マイノリティがマジョリティのエンゲージメントを得られにくいという課題がある。なお、マイクロアグレッションとアンコンシャス・バイアスの詳細は、第七章で解説している。

†リコメンデーションはなぜ必要か

「リコメンデーション」は、行政に対して、興味・関心を持てるデータを提示し、問題があることを認識していただき、解決のための政策づくりを促すということだ。

マイノリティが生きる上ではさまざまな障壁がある。それを、国や地方自治体などの行政に、政策によって解決してもらう必要がある。そのためには、単に「〇〇〇（問題点）なので、〇〇〇（解決してほしいこと）してください」というように、「問題点」を出して「解決」を求める要望（リコメンデーション）をしてしまうと、次のような点で引っかかり、行政側も取り組みづらい。

（1）問題点がもたらす社会への影響がどのぐらいあるのかが分からない
（2）具体的に、どのように政策を打ち立てて解決していけばよいか分からない

逆に、この二点をクリアすれば、行政はぐっと動きやすくなる。（1）については、問題がもたらしている影響の度合いを具体的な数値で表し、エビデンス（影響の度合いを証明するもの）として示す必要がある。ビジネスの場合、自社の製品やサービスを紹介しているWebサイトにおけるWeb行動（Webサイトの参照履歴や資料のダウンロード履歴など）などから、お客様の製品・サービスに対する関心の度合いを数値で表し、エビデン

スを得て、アプローチを進めて売上につなげているところが多く存在している。

行政側としても、限られた予算・資源のもと、合理的根拠を判断材料として効果的な政策を選択していく必要があるため、数値データとしてのエビデンスを重視することが多い。日本政府は、平成二九年にＥＢＰＭ推進委員会を立ち上げ、ＥＢＰＭ（Evidence-Based Policy Making：エビデンスに基づいた政策形成）を推進しており、各省庁において、エビデンスの重要性は高まってきている。

しかし、マイノリティのエビデンスとなるデータは、母数が少ないということもあり、データ数が少ない傾向にあり、統計的に意味がある分析結果を出すことが困難なことが多い。また、ニッチな分野のため、研究者も少なかったり、研究手法が確立していなかったりすることもある。
（2）については、可能な範囲で具体的な解決策（政策）を提案すると、解決に向けたスピードが向上する場合がある。ただし、当事者は政策立案が不得手のため、なかなか具体的な解決策を提案するのが困難だ。そのため、我々のようなＮＰＯが過去の政策などをある程度研究して、行政の立場に立った政策提案をしていく必要がある。あるいは、プロボノなど外部のブレーンを活用する方法もある。

3 マイノリティ・マーケティングの進め方

前節で述べたアクション（アドボカシー・エンゲージメント・リコメンデーション）を活用して、個々の社会問題について、どのように取り組むのか、マイノリティ・マーケティングの視点で述べる。ここでは共通する流れの紹介を行ない、実例は第三章以降で紹介する。

†世論、議員・政府に働きかける

対象とする社会問題のステークホルダーを整理し、対象を決定した後は、議員・政府に働きかける直接的アプローチ（リコメンデーション）と、世論に働きかける間接的アプローチ（エンゲージメント）を行なう。当事者の声を伝えるアドボカシーは、どちらのプロセスにも必要だ。この一連の流れを図8にまとめてみた。

議員・政府への直接的アプローチを行なう際は、当事者の生の声を吸い上げ、数値データとエピソード（実際に発生した問題点）をまとめて、論理的に筋が通ったストーリーを

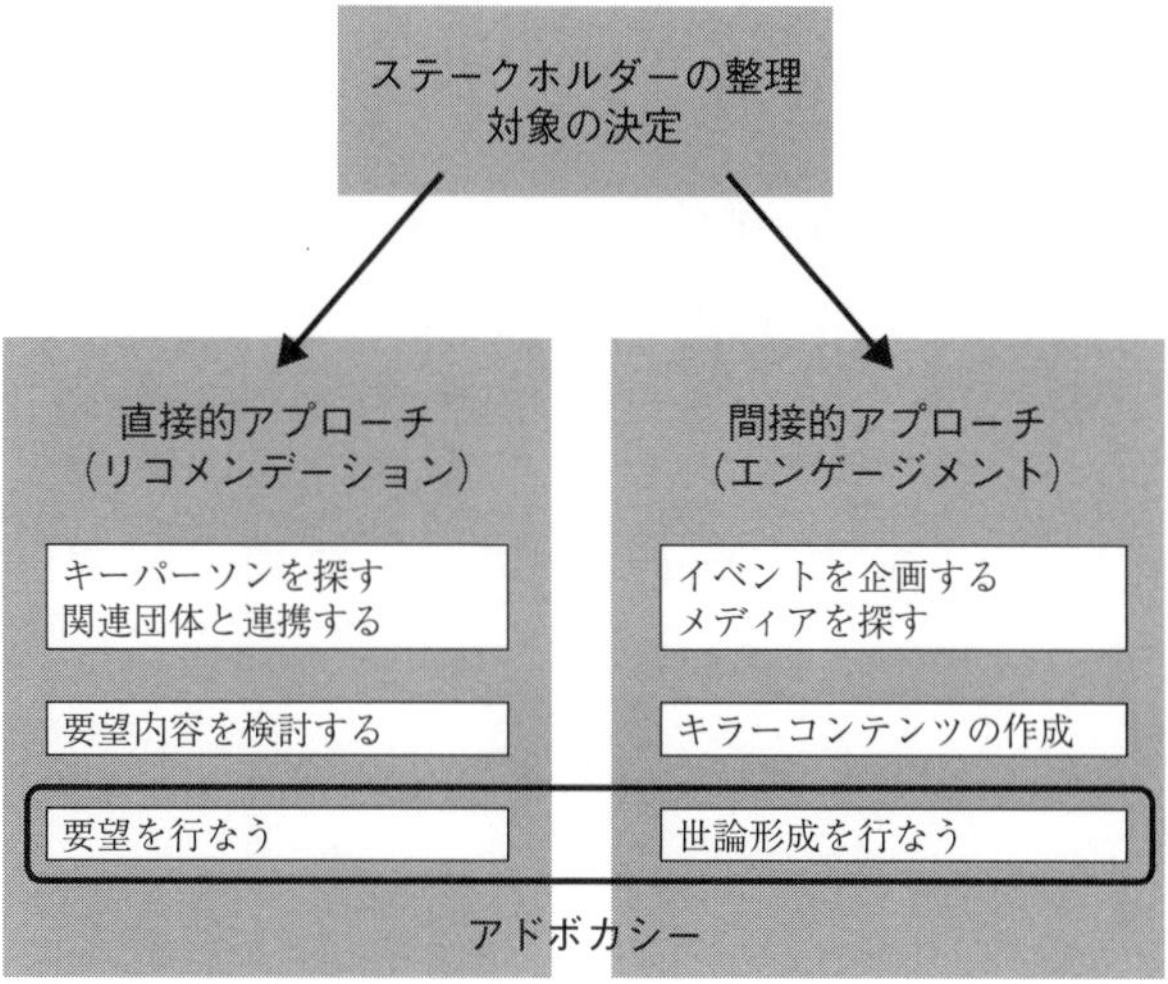

図8　マイノリティ・マーケティングの流れ

組み立てる。このときに重要なのは、この問題を扱ってくれるキーパーソン（議員・政府）を探すことである。そして、キーパーソンとアポイントを取り、実際に面会して要望書を手交にて提出したり、郵送やメール送付したりする形で要望を伝える。

　間接的アプローチは、Ｗｅｂ媒体やマスメディアを通して問題提起することで、世論を形成する方法である。ここでは、当事者の経験をもとに、多くの方に共感していただけるようなストーリーを作る必要がある。

　具体的な進め方は、次のとおりである。あくまでも一例であり、状況に応じて取捨選択するとよい。

†直接的アプローチの進め方

①キーパーソンを探す、関連団体と連携する

キーパーソンとして考えられる第一は、立法に直接かかわる国会議員である。誰が、どのような分野でキーパーソンとなっているか、まず、メディアやSNSなどでの発言から、どの政策分野に精通していそうなのかを見分けることから始める。国会議員は、委員会に所属しているのでそこから探してもよい。公開されている会議録に目を通すのも一案だ。

その次のキーパーソンといえば、省庁や自治体の行政担当者である。省庁であれば、各審議会で事務方のまとめ役を務めている場合が多い。省庁内だけでなく、学会やセミナーや勉強会などで講演をしたり、メディア露出も多い「外向き」の人も結構いたりするので、自然と見つかることもあるだろう。

また、ステークホルダーの中で、方向性が同じ、または近い団体があれば、相乗効果が見込める場合は連携してみるのも一つの方法である。

②要望する内容を検討する

要望内容については、当然ながら当事者の困りごとを記載するのが一般的なのだが、当事者の視点で書かれたものは、そのまま受け入れられないことが多い。行政側は、政策の全体的なバランスを考慮して、施策を決定する必要があるためだ。具体的には、予算立案・施行の流れを考慮したり、現在施行中の政策との整合性を考慮したりしている。このため、政策に取り込んでもらいやすいようにタイミング・内容を検討する必要がある。

たとえば、実態の困りごとがどのぐらい起きているのかといったデータ・エビデンスやエピソードを集めた上で、行政に取り上げられやすい内容にまとめておく必要がある。困りごとを解決すると、社会的にどのようなメリットやインパクトがあるのかをまとめておくとよいだろう。単に「〇〇〇（問題点）なので、〇〇〇（解決してほしいこと）してください」というように、「問題点」を出して「解決」を求める要望（リコメンデーション）をしてしまうと行政側も取り組みづらいというのは、既に述べた通りだ。

また、必要に応じて、事前に行政担当や議員と相談を進めて、行政の実情を知っておくとよりよい。

③ 要望を行なう

要望を行なうために、まず、①で見つけたキーパーソン（議員・官僚）にコンタクトを取ったり、関係者に紹介してもらったりして、面会の約束を取り付ける必要がある。ただ、後に述べるような政策形成の流れがあるので、そのタイミングを見計らって、要望を行なうことが大切である。そして、面会して署名や要望書の提出を行なうとよいだろう。その際、関係する記者クラブにて、記者会見を行なったり、取材を受けたりすると、メディアにとりあげられることが追い風となり、より効果的である。

†政治家が身近な存在に変わったきっかけ

キーパーソンを探すと言っても、そんなに簡単にはいかない、と思う人も多いだろう。私自身もそう思っていたが、転機になったのは、「プロローグ」で紹介した那部さんとの出会いだった。

政治の知識がゼロだった私は、那部さんに紹介していただき、障がい者の自立のために所得向上をめざす議員連盟事務局長の藤末健三《ふじすえけんぞう》参議員議員（当時）にお会いして、聴覚障害者の現状について説明をする機会をいただいた。遠い存在だった政治家が身近な存在に変わった瞬間でもあった。

このときに初めて議員会館を訪問したが、その後、何度も足繁く通うとは想像もできなかった。一般の市民にとって、国会はハードルが高い存在だが、人と人のつながりがあれば、国民すべてに開かれている場であることを実感した。

市民は単に統治される存在ではなく、国の法律や制度に不具合があれば、正しい方向へ仕向けていくことができる存在であるべきだ。法律は絶対的ではなく、国民のニーズの変化や国民を取り巻く環境の変化など、時代の流れに合わせて、変わっていくべきだ。

国会議員とお会いしてお話ししていくなかで、政治家にならなくても、民間人の立場で政治と関わっていくことの可能性を見出すことができた。

†政策形成の流れを知っておく

直接的アプローチを進める上では、さまざまなことを考慮する必要がある。たとえば、「要望を出すタイミング」や「要望に書くべき内容」など。これらを適切なものにするためには、官僚による政策形成の流れを知っておく必要がある。政策形成の大まかな流れは次のとおりである。

（1）いま、何が起こっているのかを知る（実態把握）
（2）目指すゴール・変化を設定する（対応方針検討）
（3）手段を決めて、企画を立てる（対応策検討）
（4）行政関係者に説明しながら、企画を修正する（要求）
（5）新しい取組を広く周知する（施行準備）
（6）制度がうまく使われるようフォローする（運用）

政策に要望を取り込んでもらいやすいタイミングは、（1）の実態把握である。実態把握では、次のものを活用することが多い。

・統計データ
・調査研究、学会、セミナー
・視察、ヒアリング、意見交換
・審議会などの会議

・業務報告
・マスコミ、メディア

そのため、行政への提言では、これらのものを事前に用意したり、実施したりすると良い。前節でも述べた通り、事前にマスコミ・メディアなどにニュースリリースや記者会見などで提言を発表して関心を持ってもらい、記事や番組に取り上げていただくのも一つの方法である。

間接的アプローチの進め方

①メディアを探す

世論形成のためのコンテンツ（意見記事）をオウンドメディア（自団体Ｗｅｂサイトなどの自社発信メディア）、ペイドメディア（新聞、広告記事などの有料メディア）、アーンドメディア（ＳＮＳ、ブログなどのユーザー発信メディア）のどこに掲載するかを検討する。オウンドメディアは、情報発信が目的のものなので、団体としての考えなどを理解してもらいたいときに活用する。また、ペイドメディアは、多数の方に見てもらえるため、認知度を上げたいときに活用する。アーンドメディアは、ユーザー寄りのメディアのため、共感を得やすい反面、反感を買いやすい面もあり、炎上しないように留意が必要である。

また、change.orgなどのオンライン署名サイトにて署名活動をするのも有効である。署名が集まったら、要望の際に、要望書と合わせて提出するとより効果的である。

②イベントを企画する

世論形成のために、さまざまなステークホルダーと対話する機会を設ける。たとえば、講演・セミナー・ワークショップなどの形で、取り上げる社会問題について説明して、理解を得るようにする。著名人、専門家、インフルエンサーなどを講師に招いて、実施することで、集客力を向上させるなどの工夫を行なうと、より効果的である。

③キラーコンテンツを作成する

単に要望するだけでは、行政は動かないことが多いので、外圧としての世論形成を行なう必要がある。このとき、世論や行政に政策形成に大きな影響を与える情報を「キラーコンテンツ」と呼んでいる。

キラーコンテンツを作成するためには、まず、要望の内容に詳しい専門家・研究者の意見を聞いておき、社会へ働きかけるためのコンテンツ（意見記事）のネタや講演・セミナー・ワークショップで話すネタを集めておく。それと、並行して、メディアの知名度（発行部数、ページビュー数など）、得意な分野（社会、生活、経済、政治など）、読者ターゲット（若年層、中高年層など）を勘案して、取材など協力してくれそうなメディアの協力者を探しておく。

世論形成の訴求ポイントとして、アンケートやヒアリングなどで、当事者の生の声として、エビデンス・エピソードを集めておく。その際、一般市民が関心をもってくれそうな切り口を探しておくことが有効である。たとえば、世の中の潮流やトレンド（流行）や事件などと連動する記事であると、注目されやすい。当事者の生の声やエピソードなどをそのままストレートに出すのではなく、「最近は○○が注目されています。実は、○○に関しては、△△という問題があるのです。それは〜」というような流れで世の中とつなげていくこと、そして、一般市民にとって馴染みのある言葉づかいをすることが大切だ。

④世論形成を行なう

作成したキラーコンテンツをメディアに掲載して、シェアや広告出稿などで、拡散を行なう。また、反応（アクセスやコメントなど）をチェックし、必要に応じて掲載先を増やしたりする。プレスリリースを送ると多くのメディア関係者の目に止まり、さらに掲載先メディアが増える。

†マスコミ・メディアを活用する理由

世論形成において、マスコミ・メディアを活用するのは大変有効である。IGBでも積極的に活用しており、我々の活動は記事や番組に何度も取り上げられている。

逆説的なようだが、人の意見を動かすには、まず我々の意見が多数派の意見となることが有効である。人々は、自分の意見が多数派だと感じれば積極的に発言し、それが世論になる。この一連の流れの中で、マスコミ・メディアが大きな役割を果たしているのだ。

この現象を説明したのが、ドイツの政治学者ノイマンが提唱する「沈黙の螺旋仮説」である（ノイマン、一九九七）。この仮説では、人間は社会的な存在であり、社会で孤立することを恐れるため、「世論」形成の過程において次のような事態が起こると仮定している。

人々は周囲の意見や社会の動向を観察し、自らの意見が多数派であると思われる場合はそれを公表するが、少数派であると思われる場合は社会的な孤立を恐れて沈黙する

←

多数派とみなす意見は声高に話され、少数派とみなす意見は沈黙し続けるという循環が起き、多数派の意見は社会において大きく顕在化し、少数派の意見は過小評価される「世論」が形成される

←

「世論」の動向について集合的錯覚が連続展開していく過程＝沈黙の螺旋

そしてノイマンは、この「世論」形成の過程で、人々が社会の動向を観察する際の情報

源としてマスメディアが重要な役割を果たし、同時に大きな影響を与えていると主張していた。マスメディアが提示する「世論」像が人々の間に広がることで、それを基準とした選択が起こり、結果としてその「世論」像が現実化していくという点において、マスメディアは大きな影響力を持っている。現在では、ここにSNSも含まれるだろう。メディアの力で、マイノリティの声を世論につくりあげていくことができるのだ。

参考文献

フィリップ・コトラー『コトラーのマーケティング・マネジメント　ミレニアム版』恩藏直人訳、ピアソン・エデュケーション、二〇〇一年
長浜洋二『NPOのためのマーケティング講座』学芸出版社、二〇一四年
ピーター・F・ドラッカー『明日を支配するもの――21世紀のマネジメント革命』上田惇生訳、ダイヤモンド社、一九九九年
木村淳子「学童期聴覚障害児におけるセルフアドボカシーの評価と検証」『耳鼻と臨床』六六巻六号、耳鼻と臨床会、二〇二〇年
E・ノエル＝ノイマン『沈黙の螺旋理論――世論形成過程の社会心理学』池田謙一・安野智子訳、ブレーン出版、一九九七年

コラム

VUCAの時代

あらゆるものを取り巻く環境が変化し、将来の予測が困難になっている現代は、VUCAと呼ばれている。VUCAとは、あらゆるものを取り巻く環境が変化し、将来の予測が困難になっている状況を意味する造語のことだ。「Volatility：変動性」「Uncertainty：不確実性」「Complexity：複雑性」「Ambiguity：曖昧性」という、四つの単語の頭文字から作られた造語で一九九〇年代ごろから米軍で使われはじめた軍事用語だが、二〇一〇年代になるとあらゆる場面で使われるようになっていることは、知っておいてよいだろう。

Volatility：変動性――これからどのような変化が起こるのかが予測困難なほど、変動が激しい状態

Uncertainty：不確実性――不確実な事柄が多く、これから私たちを取り巻く環境がどう変化していくのかが不明な状態

Complexity：複雑性――さまざまな要素・要因が複雑に絡み合っていて、単純な解決策

を導き出すのが難しい状態
Ambiguity：曖昧性――絶対的な解決方法が見つからない曖昧な状態

従来、我々が何か行動を起こすときには、計画、準備、管理に力を入れていたが、現在のＶＵＣＡ時代は、こういったものよりも、対処、対応、変更に力を入れていく必要がある。これまで以上に柔軟性、機敏性、協調性が求められる。

第三章〈変革事例1〉

ろう者にも電話を

The health of society thus depends quite as much on the independence of the individuals composing it as on their close social cohesion.

……………Albert Einstein

社会が健全に機能するためには、それを構成する人たちが一致団結するだけでなく、一人ひとりが自立することが必要です。

……………アルベルト・アインシュタイン

1　電話リレーサービスとの出会い

†電話をかけることができないバリア

生まれつき耳がきこえない私は、自分で電話をかけることができない。私のように電話をかけることが困難な人は、日本に一〇〇人に一人はいると言われている。困るのは、たとえば次のような「手続き」や「相談」をすぐにしたいときだ。

・宅急便の再配達を本日中にしてほしい
・申し込んだセミナーをキャンセルしたい
・クレジットカードを解約したい
・ポイントカードを再発行して欲しい
・熱が出たので、コロナ感染の疑いがあるが、どうすれば良いか知りたいこれらは氷山の一角で、実際にはさまざまな場面で急に電話をかける必要が生じる。

代替手段のＦＡＸやメールがあるから、電話がなくても大丈夫ではないかと思うかもしれない。実際、「電話が使えなくても、メールやＦＡＸがあるのではないか」とよく言われる。しかし、前出のようなケースは、日程が差し迫っていたりすることなどから、リアルタイムでやりとりする必要があり、電話しか手段がないことも多い。セミナーのキャンセルでいえば、三日前であればメールなどの電話以外の手段でも受け付けているが、当日のキャンセルの場合は電話のみとか、そういうところがほとんどだ。

生活する上で必要な「手続き」や「相談」を電話で迅速に済ませることは、きこえる方は当たり前のようにこなしている。聴覚障害者はこれができず、ほしいものがすぐ買えない、クレジットカードが悪用される、キャンセルできないのでお金が無駄になるなど、非常に不便だ。

仕事上でも、電話であればすぐに済む用件が、メールだと何往復もして一週間かかってしまうこともある。実際に、きこえない私は細かいことを確認したり、相談したりしたいときに電話が使えず、非常に不便な思いをしている。きこえる人には当たり前にできることができない。そういうことで、悔しい思いを何度したことか。

また、「手続き」や「相談」の他にもメールやＦＡＸでは済まないものに「緊急連絡」がある。たとえば、次のようなものだ。

・家族が急病になったため、救急車を呼びたい。
・火災が発生したので、消防署に連絡したい。
・交通事故に巻き込まれたので、警察に連絡したい。

このような命に関わる緊急事態のときに、電話ができないと命を落としかねない。現在は、一部スマートフォンアプリなどで通報する仕組みがあるが、地域によっては未対応だったり、事前登録が必要なこともあって普及しなかったりなど、課題が多い。

ＩＧＢの調査によると、聴覚障害者の電話が使えなくて困ることとして、「緊急連絡ができない」が三七％、「リアルタイムで会話できない」が三〇％、「電話しかないところに連絡できない」が二一％、「本人確認ができない」が一一％に上る。

†電話リレーサービスの登場

こうした問題を解決するために登場したのが「電話リレーサービス」だ。電話リレーサービスとは、きこえない人ときこえる人を、オペレーターが「手話や文字」と「音声」を通訳することにより、電話で即時・双方向につなぐサービスである。

日本では、日本財団が電話リレーサービスの法制化を目的とし、二〇一三年から試行的にサービスを開始した。実は、このサービスは、世界中では二六カ国以上で既に始まっており、G7でまだ始まっていなかったのは、日本だけだった。

聴覚障害者が「電話リレーサービス」を利用するときは、パソコンやスマホを介して、通訳オペレーターに手話または文字チャットで電話したい内容を伝える。オペレーターが「手話や文字」を「音声」にリアルタイムで通訳し、電話の相手先に伝えるという流れで、やりとりを進める（図9）。

これまで、緊急を要する連絡を電話で行なう必要がある場合、私は友人に頼むことが多かった。しかし、頼み過ぎて、一部の友人とは疎遠な関係になってしまった。そういったこともあり、日本財団が電話リレーサービスを試行開始すると知ってさっそく登録し、月

図9　電話リレーサービスの流れ
IGB 提供

に十数回以上使うようになった。それまで友人に頼っていたのが、自分で電話をかけることができるようになったことは、とても嬉しいことだ。自立の一歩につながることだからだ。

†自立を促すツール

電話リレーサービスは、聴覚障害者にとって、自立を促進するツールだ。

図10に、自立とはどういう意味なのかを分かりやすく示した。いろいろな人が、塀で囲まれたサッカー球場の外から試合を見ようとしている。

サッカーの試合を見ることは電話で意思疎通をすること、踏み台は公共インフラと

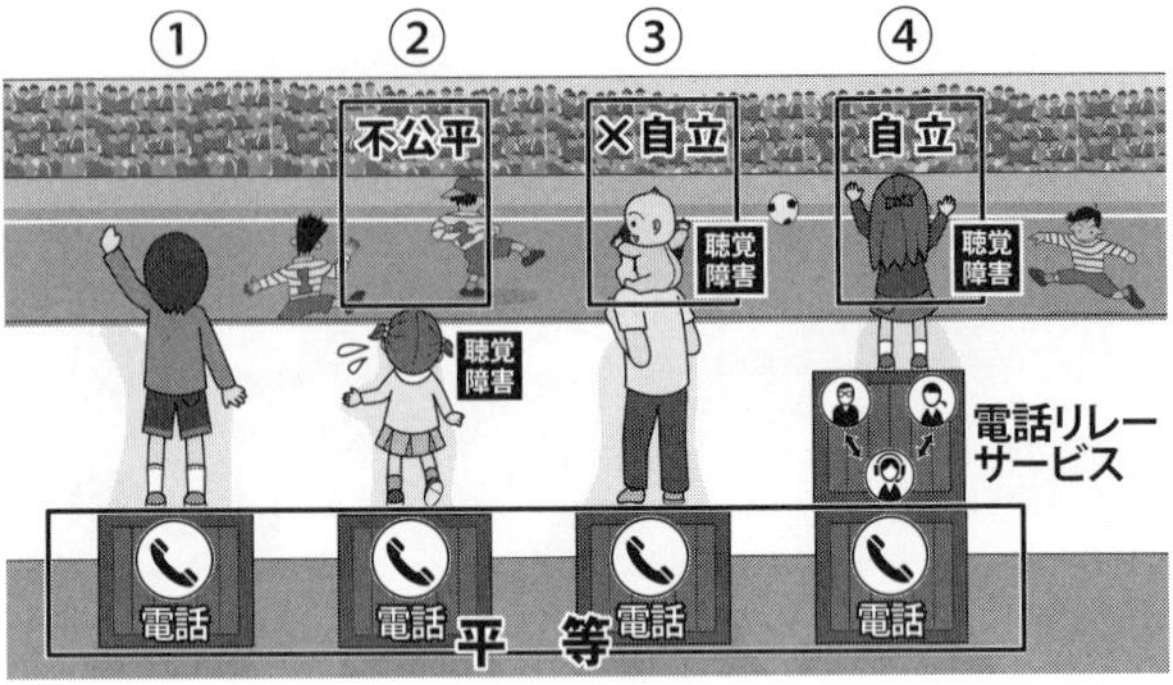

図10　公平、平等、自立
IGB 提供

しての電話だと考えてほしい。①は健常者の状況を表している。踏み台に乗れば試合を見ることが可能だ。②は聴覚障害者が「不公平」な状態に置かれていることを表している。踏み台に乗っても試合を見ることができない。自分の特性である聴覚障害が原因で、電話を十分に使うことができないことを表している。①と②には平等に電話というインフラが与えられているが、実際にはそのメリットを享受できるものとできないものに分かれてしまい、不公平だ。

③は家族のサポートを得ている聴覚障害者が「自立できていない」ことを表している。家族に肩車をしてもらってサッカーを見ることができる、つまり、家族に電話を代わりにかけてもらっていることを表している。④は踏み台を二つ重ねて試

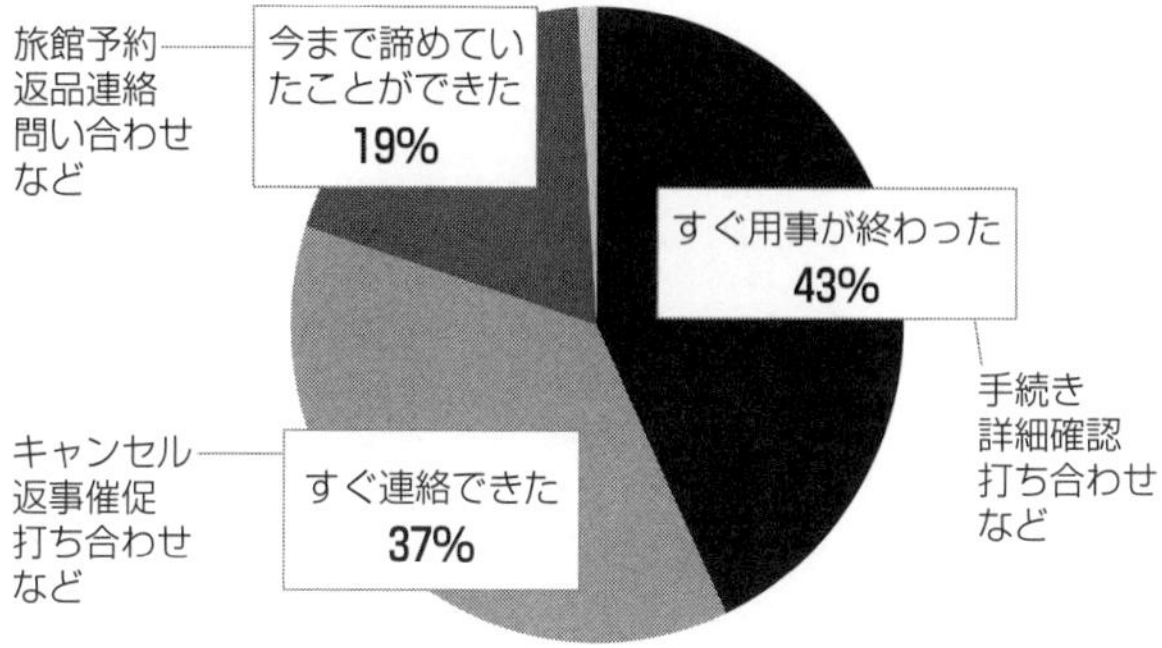

図11　電話リレーサービスモデルプロジェクトを使ってよかったこと
2018年11月、IGB 会員調査結果

合を見ている。電話に加えて電話リレーサービスを活用することで、聴覚障害者が自力で電話をかけることができることを表している。③は家族に頼っているという意味で自立とは言えないが、④は自分で電話リレーサービスを活用して電話をかけているという意味で自立していると言える。

†QOLが向上し、活動範囲が広がる

ＩＧＢの会員に電話リレーサービスを使用してみてよかったことを調査した結果、「すぐ用事が終わった」「すぐ連絡できた」「今まで諦めていたことができた」という意見が多かった。リアルタイムでコミュニケーションが可能になり、ＱＯＬ（生活の質）の向上や、会社や社会での活動範囲が広がるなどの素晴らしさを体感している人が多い（図11）。

同調査に寄せられた声を紹介する。

・通信販売のＷｅｂサイトに書いてあることだけでは分からないため、電話リレーサービスを使用してお客さま窓口に直接相談することで、納得のいく買い物ができた。
・メールで問い合わせ後、三日経っても返事がこなかったので、電話リレーサービスで連絡したら、その場で、細かいところをやりとりして、すぐ納得のいく回答をもらうことができた。
・カードを紛失した時にすぐ連絡できて、迅速にカード利用停止手続きをしていただけた。
・前から行きたいと思っていたレストランに電話リレーサービスを利用して予約することができた。
・学びたいと思っていた講座に事前に電話リレーサービスを利用して内容を細かく確認した上で、納得して申し込むことができた。

電話リレーサービスは、きこえない人のためだけでなく、きこえる人にも必要なサービスだ。たとえば、お店からきこえない人に申し込みの確認の連絡をしたいとき、電話でできるようになる。電話リレーサービスは、社会全体にとって水道・ガス・電気と同様に必要不可欠な公共インフラの一つなのだ。

電話リレーサービスの法制化に向けて

しかしながら、二〇一三年当初、電話リレーサービスはあくまで試行サービスであり、消防・救急・警察などの緊急電話ができなかったり、サービス利用時間が限られていたりといった制約は、公共インフラへの試金石であった。すでに、全日本ろうあ連盟や全日本難聴者・中途失聴者団体連合会などの団体が、電話リレーサービスの早期実現のために要望活動を実施していたが、IGBとしても電話リレーサービスを法制化するために何かできないかと検討した結果、二〇一四年から二つのことを実施した。

一つ目は、電話リレーサービスを多くの人に知ってもらうための普及啓発活動だ。電話リレーサービスはどのようなサービスなのか、どのようなことができるのかを理解してもらうために、勉強会を開催した。この勉強会は、電話を使用することが困難な者だけでなく、関係者や電話のやり取りをする事業者にも参加していただいた。

二つ目は、電話リレーサービスを法制化するための世論形成や政策提言だ。世論形成においては、試行中の電話リレーサービスを実際に利用することで命が助かった例などを新聞やＴＶに取材してもらい、世の中へ電話リレーサービスの必要性を広く知らせることに努めた。また、オンライン署名が政策を動かした成功例があることを知り、また比較的手軽に始められることから、「Change.org」を用いて署名を集めた。「Change.org」は二〇二二年一一月現在で、世界一九六カ国で四・九億人以上、日本国内では三七〇万人以上の利用者がいるオンライン署名サイトだ。

2　マイノリティ・マーケティングのポイント1

①ステークホルダーの整理

ここからは、電話リレーサービスの法制化に向けたＩＧＢの活動を、第二章で紹介したマイノリティ・マーケティングの手法の具体例としてみていく。

まず、第二章で紹介した通り、ステークホルダーを整理していく。これにより、広範囲のステークホルダーに効率的にアプローチでき、施策の実行・改善がスピーディにできる。

ステークホルダーを整理するにあたり、まず、電話ができなくて、生活上不便に感じる方がどのような方かを考察した。私たちのような聴覚障害をもつ人だけでなく、咽頭や喉頭を摘出して発声が困難な人がいる。そして、こういった当事者の周辺にいて、代わりに電話を依頼される家族、友人、知人などがいる。また、電話ができない当事者に電話連絡をする必要がある事業者もいる。事業者とは、当事者にサービスを提供する行政機関・公共施設・民間企業のことだ。まとめると、以下のように分類できる。

当事者――聴覚障害を持つ人、咽頭や喉頭を摘出して発声が困難な人
支援者――当事者の周辺にいる家族、友人、知人、支援者（手話通訳・文字通訳など）
事業者――当事者にサービスを提供する事業者（行政機関・公共施設・民間企業など）

この三つを図にすると、電話リレーサービス導入前の関係は図12のようになる。下の図13が、電話リレーサービス導入後のイメージである。

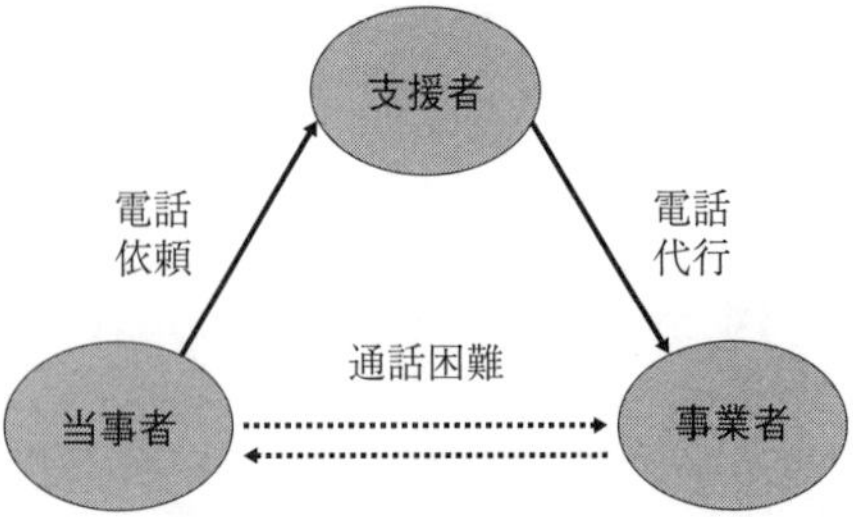

図12　電話リレーサービス導入【前】の三者の関係

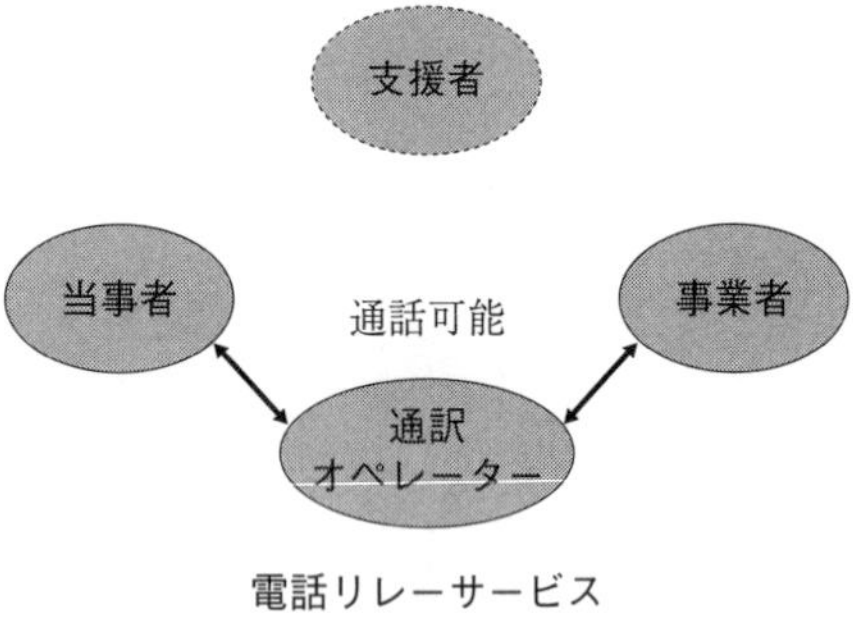

図13　電話リレーサービス導入【後】の三者の関係

＜電話リレーサービス導入後＞

当事者――支援者に依頼することなく、いつでも好きなときに自分で事業者と電話で連絡を取ることができるようになる

支援者——当事者から支援を依頼されることによる負担が軽減される
事業者——当事者に電話で直接連絡を取ることができるようになる

当事者だけでなく、支援者、事業者それぞれに電話リレーサービスを導入するメリットがある。このようにステークホルダーを整理することで、効果的に訴求を行なうことが可能になる。

②エンゲージメントの形成

法制化を進めるには、各ステークホルダーにそれぞれが得られるメリットを訴求していく必要がある。具体的には、各ステークホルダーが形成する団体に対して、それぞれの立場で得られるメリットを個別にＰＲした。

当事者や支援者が所属する団体においては、電話リレーサービスの概要と使用例などを説明した上で、日本財団が試行している電話リレーサービスを実際に使用してもらい、メリットを実感できるようにした。

全国各地でシンポジウムや勉強会を開催したり、多くの当事者や支援者が所属する団体から声を掛けていただき、年間に数十回の講演に登壇し、当事者や支援者と直接話をすることができた。聴覚障害者にとって、電話が使えないことは切実な問題であり、本活動には多くの協力者が現れた。元プロミュージシャンで中途失聴された山口タケシさん（IGB理事）は、元々電話が使えていたので、電話の便利さをよく知っていた。また、ろう者の三原毅さん（IGB電話リレーサービス普及啓発プロジェクト啓発リーダー）は、ダスキン障害者リーダー育成海外研修派遣事業で機会を得て渡米し、現地で電話リレーサービスが普及しており、聴覚障害者が自分で電話をかけている姿にショックを受けていた。この二名は、電話リレーサービスの必要性を、自身の体験を通して深く理解しており、全国各地を講演して回っていただいた。

また、事業者に訴求するため、実際に電話を受けるコールセンター向けの展示会・ワークショップ・研修などに参加した。コールセンター向けの展示会は、コールセンター関連機材や、さまざまな効率改善のための製品・サービスの展示を行なっており、コールセンターの運用従事者がたくさん来場する。そこで、電話リレーサービスをテーマとするブースを出展したり、ワークショップを開催したりした。顧客対応窓口業務の円滑化に特化した企業において、顧客対応窓口担当者向けに行なわれたセミナーにも登壇した。

こういった展示会・ワークショップ・研修において、CS（顧客満足度）やホスピタリティ向上の観点から、電話リレーサービスの必要性について訴えた。とくに、電話リレーサービスの仕組みをきちんと理解していただき、スムーズな対応をとることをお願いした。参加した企業の担当者からは、「電話リレーサービスを通して、顧客と円滑なコミュニケーションをする必要性がよく理解できた」などの好意的な受け止めがあった。

実際に電話リレーサービスを介して窓口に架電したときに、スムーズに対応していただけることは、社会に存在する障壁をなくすことにつながる。また、民間企業の電話リレーサービスに対する理解度を高めることにつながり、世論形成に貢献できると考えて、このような活動を行なった。当事者団体が、民間企業が中心である展示会・ワークショップ・研修などに参加するのは異例であり、受け止めてもらえるかどうか、心配もあった。しかし、本業でマーケティング業務をしていることもあり、展示会・ワークショップ・研修などの運営の経験もあるため、どのような進め方をすれば良いのかを理解していたのは、大きなアドバンテージであった。

③キーパーソンの発掘

議員・政府に働きかける「直接的アプローチ」を進めるにあたって、キーパーソンを発掘する必要があった。そのために、IGBでは、議事録やSNSなどを検索し、電話リレーサービスの導入に関心があり、動いてくれそうな議員を探し、アポイントを取る方法で進めた。

第二章でも触れた、「障がい者の自立のために所得向上をめざす議員連盟」の中に、IT系企業出身の山本博司参議院議員がおられ、その方が総務委員会で電話リレーサービスの必要性について言及していることを知った。早速、議員連盟を経由してアポイントを取り、お会いして、電話リレーサービスの必要性を当事者目線で伝えた。

また、聴覚障害者の福祉向上のために動いている議員は、SNS発信などを通して知ることができる。その中に、薬師寺《やくしじ》道代《みちよ》参議院議員（当時）がおられた。薬師寺議員（当時）ともアポイントを取り、同様に電話リレーサービスの必要性を当事者目線で伝え、要望を伝えた。

その後、二〇一七年七月一二日に山本議員と薬師寺議員（当時）と共にオンライン署名を総務省に提出した。
他にも数多くの議員に説明する機会をいただき、電話リレーサービスの導入で社会全体にどんなメリットがあるのかを説明することで、法制化につなげることができた。どの議員も電話リレーサービスの必要性を十分に理解し、機会があるごとに、発言してもらえたのが、追い風となった。電話リレーサービスの法制化を担当するのは、福祉政策を管轄している厚生労働省なのか、電話などの情報通信政策を管轄している総務省なのかが曖昧になっていたのが、当時の大きな課題であった。
薬師寺議員（当時）は、二〇一八年一一月七日に開催された参議院予算委員会で電話リレーサービスについて次のように質問している。

薬師寺議員（当時）「聴覚障害者が、手話や文字を通訳するオペレーターを経由して音声電話をかけられる【電話リレーサービス】について、厚生労働省も総務省も自分の担当だと分かっていない。担当を整理してほしい」

それに対して、安倍晋三首相（当時）は以下のように答弁し、具体的に法制化の検討が始まる大きなきっかけとなった。

安倍首相（当時）「これは重大な公共インフラで、拡大のために手話通訳の育成・確保や誰がコスト負担するかなど課題がある。今後は総務省総合通信基盤局が担当して、検討を進める」

私は、この歴史的な瞬間をインターネット審議中継において、音声認識アプリに流れてくる字幕と合わせて見ていた。手を叩きながら、喜びの気持ちでいっぱいとなった。

†④刺さるキラーコンテンツの作成

キラーコンテンツとは、世論や行政に政策形成に大きな影響を与える情報のことであり、大きく分けて二つのタイプがある。

一つ目は、政策の必要性を理解することができるデータ、エビデンスだ。当事者のアンケート集計結果や問題の影響の大きさを表す数値などをいう。署名数もこの一つであると言える。ただ、前述のとおり、マイノリティに関するデータ、エビデンスは、社会全体と比較すると小さな数値になり、社会的なインパクトが弱くなってしまいやすい。

二つ目は、政策の必要性を訴えるエピソードだ。社会的に大きなインパクトを与えたエピソードがあると、世論形成に大きな影響を与えることがある。特に命に関わったり、甚大な被害を被ったりするようなケースだ。

電話リレーサービスの法制化は、オンライン署名と二つの人命が救われた事件などが後押しにつながった。

キラーコンテンツの例①——ニーズを可視化したオンライン署名

前述の通り、「Change.org」を利用してオンライン署名を集めた。これによって二つの成果をあげることができた。

一つめには、電話リレーサービスのニーズを可視化することができた。オンライン署名では、署名だけでなく、コメントもたくさんいただいた。電話を使用することが困難な者だけでなく、これまで代わりに電話をかけることが多かった者——たとえば、両親やきょうだいなどの家族や、手話通訳者・文字通訳者などの支援者からも、電話リレーサービスの法制化を望む声がコメントや手紙などでたくさん届いた。そういった署名やコメントをエビデンスとして政府に伝えることで、インパクトを与えることができた。

二つめには、オンライン署名をきっかけに、マスコミをはじめとする多くの企業が電話リレーサービスに関心を持ってくれた。オンライン署名はＳＮＳと親和性が高く、たくさんの人にシェアされた。

また、オンライン署名や電話リレーサービスの必要性を訴求する記事のネット広告も頻繁に打ったことで、露出度も高まり、注目が集まった。サステナビリティやＣＳＲ（企業の社会的責任）をテーマとした日本初のビジネス情報誌として二〇〇七年四月に創刊したオルタナ「サステナブル・ビジネス・マガジン」の協力も得て、オフライン広告（紙媒体）を同封していただいた。電話リレーサービスの必要性を訴求し、オンライン署名をＰＲする記事の配信や、会員企業向けに啓発パンフレットのＤＭ配送を行なった。これらの活動を通して、世の中に電話リレーサービスを知らしめることができた。

わたしたちのような小さな団体がオンライン署名を始めて、本当に署名が多く集まるのか、また、わたしたちの声を本当に取り上げていただけるのか、不安は大きかった。だが、やらずに後悔するよりは、やってみて後悔したほうがよいと思い、始めることにした。結局、想定以上にたくさんの署名が集まったのは本当にありがたかった。本当なら、一人ひとりに会ってお礼を言いたいところだが、さすがに数が多いこともあり、講演の際やWebサイトなどで感謝の気持ちを伝えた。

キラーコンテンツの例②――命を救うことができた事例

二〇一七年六月三日に起きた、愛知県西尾市の三河湾でのプレジャーボート転覆事故、そして、二〇一八年一〇月二〇日に起きた岐阜・長野県境奥穂高岳での遭難事故において、電話リレーサービスが救命に役立った。

当時、電話リレーサービスは日本財団が試行の形で提供していたため、本来は緊急通報を受け付けていなかった。しかし、聴覚障害者からの通報を受け、オペレーターが人命優先の判断の下、海上保安庁及び消防への緊急通報を行なったのだ。その結果、転覆事故では四名全員が、遭難事故では二名（一名は死亡）が、それぞれ救助された。これらの事故は、緊急通報を可能とする電話リレーサービスの必要性を社会に強く認識させるきっかけになった。

より具体的に状況を説明したい。プレジャーボート転覆事故では、当時四六〜五一歳の会社員の聴覚障害を持つ男性四人が救助された。漂流中の男性から日本財団が実施している「電話リレーサービス」に「海の上でボートが壊れて動けない」というチャットが入ったのは午後一八時五三分ごろ。その後、「特別対応」という形で「電話リレーサービス」を介して、名古屋海上保安部と船の状況や乗っている人の人数などをやりとりし、スマホのGPS機能と連動したLINEの位置情報を送付し、経度緯度が判明した。当時、事故にあった本人は、長時間水中に浸かっていたため体温が低下していて手がかじかみ、上手く文字を入力できなかった。その後も寒さのために返事をすることができなかったという。その後、名古屋海上保安部は、巡視船を出して捜索にあたり、約四時間後の二三時過ぎに全員が無事救助された。

二〇一八年の岐阜・長野県境奥穂高岳での遭難事故では、一七時三五分ごろ、聴覚障害者三名の登山パーティーから「雪で動けない」と「電話リレーサービス」を介して長野県警に通報があった。岐阜県警高山署によると、長野県警が翌日の二一日朝にヘリコプターで三名を救助したが、女性一名は凍死した。遭難した現場付近には当時、五センチの積雪があり、気温も零下で強風だったという。

実は、プレジャーボート転覆事故の当事者は筆者の旧友であり、私自身、大きなショックを受けた。電話リレーサービスの二四時間・三六五日対応と、緊急通報の早期実現を求めていくモチベーションが強まった。総務省へのオンライン署名提出の際は、転覆事故の当事者の希望もあって同席し、一刻も早い電話リレーサービスの法制化を求める本人の生の声を、エピソードという形で総務省に伝えることができた。

ここで大事なのは、エピソード当事者の主体性だ。ＩＧＢは、当事者に問題提起をする意志があれば、それをサポートするという姿勢をとっている。

事故に遭われた当事者にしか話せないことがたくさんある。ＩＧＢは課題の当事者（事故に遭った本人）の思いを前面に出すことがキラーコンテンツの重要な要素だと考えている。事故に遭われた当事者は、問題意識を持ち、事故再発防止を望んでいることが多い。そういった思いを大切にし、ＩＧＢが引き受けて政府へ要望することで代弁している。その要望の場に本人が加わるとインパクト性が高まる。また、問題提起することによって、社会の中に潜んでいる問題を明確化し、解決へのきっかけに繋げられる。

同様の問題の再発防止の取り組みをしていくという意志を持っていれば、当事者の主体性を尊重し、サポートしつつ、政府へ要望を届けていく取り組みができると考えている。

†その後の普及啓発の課題

二〇一四年から六年越しの啓発普及・署名普及活動が実を結んで、二〇二〇年六月に「聴覚障害者等による電話の利用の円滑化に関する法律案」（通称、電話リレーサービス法案）が国会で成立し、二〇二一年度から運用開始された。二〇二三年三月現在で、九一二七名が登録しており、二万八八六七件／月（そのうち、三四件が緊急通報）の通話がなされている（日本財団電話リレーサービス「情報公開」）。

正式運用後は、各電話提供事業者が、回線ごとに電話リレーサービス料金として数円を徴収するとともに、電話リレーサービス提供機関（一般社団法人日本財団電話リレーサービス）が電話リレーサービス利用者から利用時間に応じた電話リレーサービス利用料金を徴収し、運営する仕組みになっている。ちなみに、電話リレーサービス提供機関（日本財団電話リレーサービス）が電話リレーサービス利用者に請求しているのは電話リレーサービス利用料金（主に自分から発信した場合の通話料金）のみで、通訳費用やシステムにかかる費用などは一切請求していない。通訳費用やシステムにかかる費用は、電話提供事業者の負担金でまかなわれている。

初めて法制化された電話リレーサービスを使用した時は、感無量だった。相手からの電話をスムーズに受けることができたり、夜中の二時に電話をかけることができたりと、きこえる人には当たり前のことが、自分もできるようになったので、非常に嬉しい思いをした。これまで、気を遣いながらきこえる人に代わりに電話依頼をする必要がなくなり、自分の好きな時間にすぐ電話をかけられるようになったことは非常にありがたかった。

「電話リレーサービス」によって、電話がすべての人に当たり前に使えるための基礎となる「インフラ」が備えられた。しかし、その先の「電話を受けた側」には、まだまだ壁が存在している。

たとえば、金融庁が二〇二二年に実施した調査結果では、「聴覚障がい者からの連絡について、電話リレーサービスを用いた連絡でも対応している」と回答したのは、全金融機関（一二一〇機関）のうち、約半分の五四・五％（六六〇機関）だった（金融庁、二〇二二）。

せっかく電話リレーサービスがはじまっても、ルールが対応していないなどの理由により受け付けられないという課題が残っており、不便さが残っているのが現状だ。金融機関だけでなく、不動産会社、通販会社などでも同様の問題が発生している。

ＩＧＢが日本財団の電話リレーサービス利用者一四〇名に二〇二二年一二月に調査した

結果、約五割が本人でないとダメと断られた経験があった。断られた先の多くが、クレジットカード会社、銀行、保険会社など金融系の企業だった。また、「電話リレーサービス」を利用して電話をかけた際、約五割が相手先への説明などのために待たされ、約三割が相手に電話を切られた経験があった。多くの場合は、三〜一〇分待たされ、最悪のケースでは、三〇分以上待たされたケースもあることが判明した（IGB、二〇二二）。電話をかけた先に電話リレーサービスの理解がないと、きこえる人と同じようにスムーズに用件を済ませることができない。

「インフラ」は用意されたが、その先がスムーズでないと本当の意味で「きこえる人と同じように電話を使う」ことができない。この課題は、今後解決していく必要がある。

参考文献

日本財団電話リレーサービス「情報公開――登録数、登録者数、通話実績件数」
https://nftrs.or.jp/information/
一般社団法人電気通信事業者協会「電話リレーサービス支援業務」

https://www.tca.or.jp/telephonerelay_service_support/
一般財団法人日本財団電話リレーサービス　公式ホームページ
https://nftrs.or.jp/
金融庁「障がい者等に配慮した取組みに関するアンケート調査の結果について」
https://www.fsa.go.jp/news/r4/ginkou/20221031-2/20221031.html
ＩＧＢ「二〇二二年度電話リレーサービス利用者への使用上の課題についてのアンケート結果」
https://www.infogapbuster.org/?p = 5513

第四章〈変革事例2〉

オリ・パラに手話通訳を

求めなさい。そうすれば与えられます。
探しなさい。そうすれば見出します。
たたきなさい。そうすれば開かれます。

…………（聖書）

1 開会式の中継に手話がない

†「多様性と調和」を掲げたオリ・パラで

東京二〇二〇オリンピック開会式の中継放送において、言語的マイノリティである「手話を生活のベースとしている者」に対する配慮が十分でない状況が発生した。

無観客だったオリンピック・スタジアム（国立競技場）にある大型ビジョンには、手話通訳がワイプ画像で一画面上に表示されていたが、多くの人が見ているはずのテレビ中継（NHK総合テレビ）には手話通訳が映っていなかったのだ。

開会式の映像は、オリンピック放送機構（OBS:Olympic Broadcasting Services）が制作し、日本ではそれをNHKが放送した。だがそこに手話通訳は付いていなかった。韓国や台湾では、同じ映像にワイプで手話通訳者を映していたのと比較して、日本の言語的マイノリティに対する配慮が欠けているということが明白になった瞬間であった。

それに気づいた私は、大変がっかりした。すぐさまTwitterで問題点を提起したところ、たくさんの方の共感を得られ、多数の「いいね」をいただいた。

実は、この開会式に登壇した東京オリンピック・パラリンピック大会組織委員会（以降、組織委員会）の橋本聖子会長は、スピーチの中で、同大会が掲げている基本コンセプト「多様性と調和」に触れていた。

この「多様性と調和」という基本コンセプトをもとに、組織委員会は「東京2020D&Iアクション」を公表している。これは、大会を契機に、ダイバーシティ&インクルージョン（D&I）を備えた社会への一歩を踏み出すことを宣言するものであり、そこには、「私たち一人ひとりが、人種、肌の色、性別、性的指向、性自認、障がい、言語、宗教、政治的又はその他の意見、国あるいは社会のルーツ、財産、出自やその他の身分などの理由による、いかなる種類の差別がなく、互いを認め合い、誰もが自分らしく生きられる共生社会を目指します。（原文ママ）」と書かれていた。これは、SDGsの原則にあるように「すべての人が、誰一人取り残されることなく尊重される」ことを意味しており、マジョリティ（多数派）もマイノリティ（少数派）も共に参加できる素晴らしいイベントを目指すべきだという意思表明であることは自明である。

また、組織委員会は、同大会が、障害の有無にかかわらず、すべての人々にとってアクセシブルでインクルーシブなものとなるようさまざまな取組みを推進し、国の関係行政機関、東京都、関係地方公共団体、障害者団体等の参画を得て、二〇一七年三月に「Tokyo2020 アクセシビリティ・ガイドライン」を策定した。このガイドラインでは、組織委員会による情報発信などについて規定されており、その中には手話通訳についても規定がある。

東京都では、東京二〇二〇オリンピック・パラリンピック競技大会を見据え「東京都障害者への理解促進及び差別解消の推進に関する条例」を二〇一八年一〇月一日に施行。この条例に「手話は言語」と明記し、民間事業者にも「合理的配慮の提供」を義務として定めた。

前出の「Tokyo2020 アクセシビリティ・ガイドライン」で言及していたのは、会場にいる観客やスタッフなどを対象とした手話通訳の設置である。たしかに、このガイドラインでは、テレビ放送の際にどうするかについては一切触れていない。しかし、NHKはEテレで、初心者が楽しく手話を学べる「みんなの手話」や、手話でニュースを伝える「手話ニュース」などの番組を長年、制作・放映してきた。手話の必要性について認識していたはずだが、このような事態が発生してしまった。

公共放送における手話通訳の必要性

あまり多くの人には知られていないが、「日本語」と「日本手話」は文法体系が異なる。同じ国内で使われていても、別の文法体系を持つ言語なのだ。手話を生活のベースの言語とする人たちは、「日本語」を文字の形で表現する「字幕」だけでは十分に内容を理解できない。つまり、言語的マイノリティが存在することとなる。「字幕」だけでなく「手話通訳」も映すなど、多様な人々に配慮した放映が必要だ。

日本には、手話を生活のベースの言語としている人は約八万人いるとされており、筆者もその一人だ。たったの八万人しかいないと思うか、八万人もいると思うかは、人それぞれだが、「すべての人が、誰一人取り残されることなく尊重される」オリンピックを目指している以上は、なるべく多くの人たちに寄り添うことが望ましい。

「手話通訳」がテレビに映らないという事態は、これまでも何度か起きており、その度にマイノリティの人たちが声をあげて改善されてきた。

国レベルではじめて手話通訳が配置されたのは、東日本大震災発生後、二〇一一年三月一三日午後に行なわれた枝野幸男官房長官（当時）の記者会見だ。大変画期的な出来事だったが、次第に手話通訳が画面に映らなくなってしまった。

新型コロナ感染症拡大に関する、国や各自治体の首長会見においては、手話通訳が会見会場に配置されていなかったり、配置されていてもテレビに映らなかったりした。ＩＧＢが独自に調査した結果、二〇二〇年四月当時、全国都道府県の首長会見において、約六割にしか手話通訳がついていないことが判明した。これを受け、ＩＧＢは二〇二〇年四月一〇日に、今井絵理子内閣府大臣政務官（当時）に新型コロナウィルス対応会見における情報保障（手話通訳・字幕）の状況改善を陳情した。現在は、国や全都道府県のコロナ関連の会見には手話通訳が配置されるようになっている。だからこそ、オリ・パラの開会式でも、公共放送に手話通訳が付くことは当たり前のこと、という期待があった。

†建設的対話を求めたロビイング活動

実は、開会式の前、二〇二一年三月二六日の聖火リレー出発式でも、手話通訳が不在だったことが指摘されている。丸川珠代五輪相（当時）は「配慮に欠けていた」と釈明し、組織委員会に対して大会本番での対応を求めていた。そのときの教訓さえまったく活かされていなかったのは、残念と言うしかない。

また、全日本ろうあ連盟は開会式前日の二〇二一年七月二二日に、開会式のテレビ中継に手話通訳者を映すよう組織委員会やNHK、日本民間放送連盟（民放連）などに要望書を出していた。にもかかわらず、実際のテレビ中継に手話通訳者は映らなかった。会場のビジョンには手話通訳者が映されていたが、これは当日現場にいたろう者スタッフ向けの配慮であった。手話通訳をテレビで放映するには、原則として、放送事業者側が手話通訳者を手配する必要がある。同じお茶の間にいながら、手話を使う言語的マイノリティは「取り残されて」しまったのである。

開会式の放送を受けて、IGBと、二〇一八年に全国超党派の地方議員に呼びかけて設立された手話推進議員連盟（代表世話人・永野《ながの》裕子《ひろこ》東京都豊島区議会議員）は二〇二一年七月二四日、菅首相（当時）、組織委、NHK、民放連などに対し、今後開かれる東京オリ・パラの開閉会式のテレビ中継には手話通訳者を映すよう求める要望書を提出した。要望書は多方面から出したほうが効果的と判断したためだ。全日本ろうあ連盟も二〇二一年七月二六日、NHKや民放連に対して同様の要望書を出している。全国各地のろう協会や有志などもそれぞれ要望書を出していた。

ＩＧＢの要望に対して、二〇二一年七月二九日にＮＨＫから、二〇二一年八月八日の東京オリンピック閉会式、東京パラリンピックの開会式（二〇二一年八月二四日）と閉会式（二〇二一年九月五日）については「Ｅテレ」で手話通訳者を映すと回答をいただいた。

しかし、多くの人が視聴する総合テレビでは手話通訳が放映されず、結果として、二つの中継に分かれ、手話が必要な人だけＥテレを観るという分離・排除が起こる。これは、手話を多くの人の目にふれる番組から排除することになり、大会コンセプトの一つである「多様性と調和」に反する。この対応では不十分だと考え、ＩＧＢは建設的な対話を求めた。その後も、ＮＨＫからの納得がいく回答が得られなかったため、要望書や公開質問状を何度も何度も繰り返し提出した。ＮＨＫ側も真摯に対応しているのだろうが、当事者の思いと乖離している状況が続いた。このやりとりは、消耗戦のようであり、神経をすり減らすものだった。

その最中、二〇二一年八月七日に、ＩＧＢは、手話推進議員連盟と共催でオンライン集会「多様性と調和のオリンピックに手話通訳を！」を開催し、手話通訳が放映されなかったことの問題点や経緯を振り返り、「多様性」や「平等」とは何か、参加者と意見交換を行なった。

オンライン集会に登壇した、聴覚障害の弟を持つ藤木和子（IGB理事、弁護士、手話通訳士）は、「「障害者権利条約」や「障害者基本法」では、言語に手話を含んでいる。手話は法的に認められている言語といえる。障害者差別禁止法では「合理的配慮」を義務付けている。Eテレで、ろう者の手話通訳が放送されることが喜ばしいが、総合テレビとEテレで分けることには違和感がある。「多様性」と「調和」は相反する部分もあり、難しいが、まずはどう実現できるのかを考えていくことが必要だ。次のオリンピック・パラリンピックにつなげていきたい」と語った。

二〇二一年八月二四日にIGBおよび手話推進議員連盟は各党代表者ら一八名と面会（一部は秘書に書面手交）し、下記の二点について、国会で建設的な議論がされることを要望した。

・東京二〇二〇オリンピック・パラリンピック競技大会の手話通訳による情報保障について、準備の段階から適切な取組が行なわれたのか検証すること。
・今後、国民的行事において、聴覚障害者等情報コミュニケーションに障がいがあるすべての人々に合理的配慮が提供されること。とりわけ、手話は言語であるとの認識のもと、手話を必要とする人に情報が確実に伝わる形で手話通訳を付けること。

さらに二〇二一年九月六日に、IGBと手話推進議員連盟は、東京都庁記者クラブにて記者会見を行なった。メディアの関心も高く、複数の新聞から取材を受け、会見の模様や我々のコメントが複数の新聞に掲載された。また、同じ時期に全日本ろうあ連盟をはじめ、各団体や多くの方々や議員が、NHKなどに手話通訳をつけて放映してほしいとの要望をそれぞれ行なった。残念ながら総合テレビでの放映は叶わなかったが、ともかく、オリンピック閉会式からの一連の働きかけを経て、オリンピック閉会式はEテレで手話通訳付きで放映されたことになる。

†イベントでの初の試み「ろう通訳」の意義

Eテレでは、オリンピック閉会式中継の映像の右側に「ろう通訳」が映り、日本手話を使用して通訳をしていた。これは日本手話を使用する人にも等しく情報を伝えるという意味では評価に値する。繰り返しになるが、日本手話とは、日本語とは別の文法体系をもつ独自の言語である。起点言語である日本語の実況中継の音声情報を、聴者のフィードに通訳

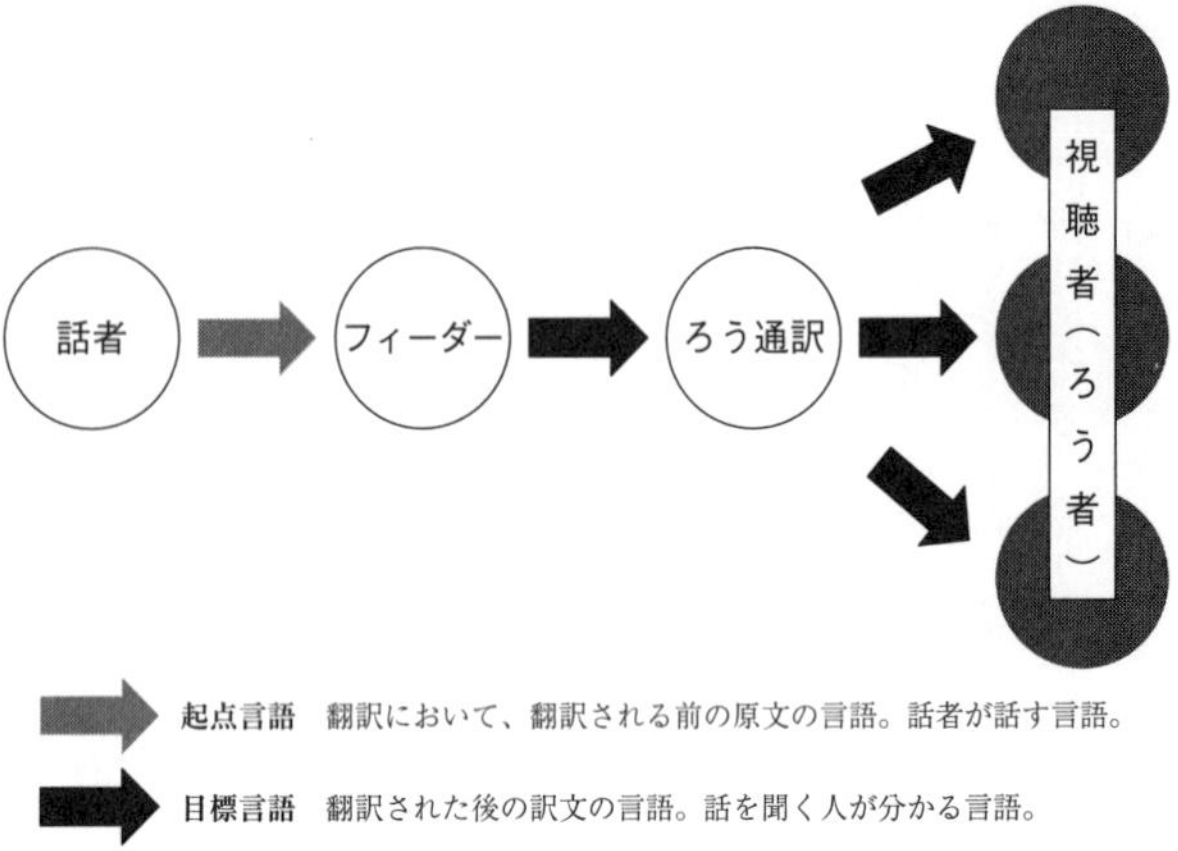
話者
フィーダー
ろう通訳
視聴者（ろう者）
起点言語　翻訳において、翻訳される前の原文の言語。話者が話す言語。
目標言語　翻訳された後の訳文の言語。話を聞く人が分かる言語。

図14　ろう通訳の伝わり方

者（フィーダー）が手話などでろう通訳者に伝える。その情報を受けとったろう通訳者が、目標言語である日本手話に通訳し、それがEテレで放映された（図14）。

なお、これは現在首長のコロナ会見についている手話通訳とは別のものである。コロナ会見では、聴者の手話通訳者が日本語の会見を聞き取って手話に通訳し、ろう者に直接伝える。オリ・パラ開閉会式で採用されたろう通訳では、聴者の手話通訳者はろう者の手話通訳者に聞き取った内容を伝える、媒介の役割になる。なぜこのようなフィーダーを介した通訳が必要なのか。

それは、手話を生活のベースとしている人にとっては、ろう者の手話のほうが自然に頭の中に入り、理解しやすいためだ。先ほども触れたように、日本語と日本手話は文法体系が異なる。ろう通訳によるネイティブの手話のほうが分かりやすい、という言い方をすれば理解してもらえるだろうか。

このろう通訳は、Twitterでは「手話の人」というキーワードでトレンド入りするほどの注目度だった。閉会式中継時に、たまたま台風速報が入って総合テレビが放映を中断したこともあり、多くの人がEテレにチャンネルを変えて、手話通訳を見ることになったためだ。

IGBと手話推進議員連盟が連携して実施したオリンピック閉会式の情報保障（手話通訳・字幕）に対するアンケートでは、二七六二名のうち八三・四％（二三〇三名）がEテレの手話通訳（ろう通訳）を「良かった」と回答した。また、ろう通訳を見た人（二六九六名）からは、「雰囲気がよく伝わった」（一八五五名、六八・八％）、「ろう者による手話なので話がよく理解できた」（一五九一名、五九・〇％）、「リアルタイムで内容を理解できた」（一四五三名、五三・九％）と高い評価が寄せられた。視聴者を想定した適切な配慮が行なわれたことには、意義があったと言えよう。

図15　手話通訳が同時に映る画面のイメージ。画面左の人物が NHK 総合テレビの手話通訳、右の人物が E テレのろう通訳

†手話通訳に対する多様な意見

今回の一件は、手話通訳の必要性について多くの人が知るところとなり、一定の意義はあった。しかし、手話通訳の放映の仕方については、さまざまな意見がある。

閉会式のEテレの中継中、時間帯によっては、左のワイプの手話通訳と右の枠外の手話通訳が同時に映る現象が発生した。総合テレビでは、バッハIOC会長、橋本組織委会長の挨拶のときだけ、ワイプで会場にいる手話通訳（聴者による通訳）を合成で放映していた。Eテレは総合テレビの映像を流用し、右の枠外にろう通訳を映したため、ろう通訳と手話通訳が同時に映されることになった（図15）。

そのため、一部の視聴者からはTwitterなどで、「どっちを見たら良いか分からない」「ろう通訳と手話通訳を比較するにしても双方への敬意が必要」などのコメントがあった。

また、ある聴覚障害者からは「ろう通訳が気になり、字幕の内容が入ってこないので、総合のほうに手話通訳のない字幕を出して視聴した」「字幕表示が遅れて表示される」といった、情報が競合・干渉する現象についての指摘があった。

ろう通訳と手話通訳、手話と字幕、どれが優れているかということではなく、多様な形態があるなかで、自分のニーズに合った選択肢を一つのチャンネルの中で取捨選択できるのが、目指すべき姿ではなかろうか。

†Eテレ・総合テレビの役割分担が示す課題

先述のとおり、IGBは閉会式のテレビ中継には手話通訳を付けるよう、NHKに改善要望を行なった。NHKからの回答は、「自らの編集権のもと、教育・福祉の分野の放送に力を入れているEテレで全編に手話を付ける形で放送する」であった。しかし、多くの人が見る総合テレビではなく、Eテレという別枠で放映することは、繰り返しになるが、手話を分離・隔離・排除することにつながり、「多様性と調和」のオリ・パラの理念に反する。ＩＧＢが実施したアンケートでも、七一・〇％（一九六二名）が「ＮＨＫ総合に手話通訳（ろう通訳）を希望する」と回答していることからも、総合テレビで手話通訳（ろう通訳）をつけるニーズは高い。

†情報アクセシビリティ規格の導入を

特性や障害の種類等によっては、音声、手話、文字といった情報が多いと負担になったり、理解に支障を来たしたりする場合がある。だからといって、障害がある人向けに別のチャンネルで放送するなどの「分離・隔離・排除」をしないような「合理的配慮」を考えるべきだ。

現在、字幕はリモコンボタン一つで表示・非表示を切り替えることができる。実は手話通訳でもこれは可能だ。国連専門機関で承認された日本発の国際的アクセシビリティ規格（ＩＰＴＶアクセシビリティ国際標準 ITU-T H.702）を適用すれば、電波で送られるテレビ映像に、インターネットで送る字幕や手話の動画のデータを重ねて映すことが可能となる。テレビ局や家庭のテレビがこの標準規格に対応することが必要だ。ＩＰＴＶの普及のために活動している、IPTVアクセシビリティコンソーシアムという民間団体もある。今後、分離・隔離・排除をしないアクセシビリティ規格が普及することが期待される。

音声、手話、文字のいずれかから必要なものを選択できる画面こそ、「多様性と調和」を実現するオリンピック・パラリンピック放送だと考える。

2 マイノリティ・マーケティングのポイント2

ここからは、オリ・パラへの手話通訳導入を訴えるロビイングを成功に導いた手法を、第三章と同様にマイノリティ・マーケティングのポイントに沿って整理していく。

①ステークホルダーの整理

まずは、ステークホルダーの整理である。

オリンピック・パラリンピックの放映に関しては、さまざまなステークホルダーが存在する。オリンピックを開催する国際オリンピック委員会（IOC）が設立したオリンピック放送機構（OBS）が、テレビ・ラジオによるオリンピック・パラリンピック放送の国際信号（映像）を制作し、オリンピック・パラリンピック中継を行なう権利を持つ各国の放送事業者に向けて配信している。そして、東京オリンピック・パラリンピックにおいては、NHKと民放連で構成するジャパンコンソーシアム（JC）が放映権を所有している。

そして、東京オリンピック・パラリンピックを運営している組織委員会は、日本オリンピック委員会（JOC）、日本パラリンピック委員会（JPC）、東京都、政府などと連携し、大会の準備及び運営に関する事業を行なっている。それだけでなく、株主（投資者）、放送スポンサー、視聴者、従業員（放送現場で番組制作に関わる人）などさまざまな方が、ステークホルダーに含まれている。

このように多様な関係者と世論を納得させることができるように、オリンピック・パラリンピック放映に関するステークホルダーを整理し、放映に関係する組織・団体、また放映を管轄する組織・団体を絞り込んだ。

最終的な要望先として、放送事業者であり、ジャパンコンソーシアム（JC）を構成するNHK、民放連、そして、放送事業を管轄する総務省、オリンピック・パラリンピックを管轄する国務大臣（東京オリンピック・パラリンピック競技大会担当）、オリンピック・パラリンピック運営に関わる組織委員会（ＪＯＣ）、東京都を選出した。

ジャパンコンソーシアム（ＪＣ）は、情報公開が少なく、連絡先が不明であるため、構成団体である、ＮＨＫ、民放連に要望することにした。また、放送事業者を監督する立場である中央省庁や担当大臣に働きかけることで、外堀を埋める狙いがあった。その結果、各ステークホルダーからもＮＨＫに対して働きかけが行なわれ、手話通訳付きの放映に繋げることができた。

②関連団体との連携

私がブログ（note）にて、オリンピック開会式で手話通訳がついていなかったことを問題提起したところ、手話推進議員連盟代表世話人の永野裕子東京都豊島区議から、連携して取り組みませんかとお声がけをいただいた。手話推進議員連盟は超党派の団体であり、研修会に呼ばれて講演をしたこともあった。

今回のロビイング活動は、東京オリンピック・パラリンピックの閉会式までに成果を上げるというタイムリミットがあった。限られた時間で効果的に行なうためには、複数の議員関係者を巻き込む必要がある。そのため、手話推進議員連盟と連携して、活動を進めることとした。今回は、ステークホルダーにマスコミが含まれるため、外部圧力を強めるために、関連団体との連携に重きをおいた。

永野区議は、手話推進議員連盟だけでなく「出産議員ネットワーク」発起人・代表世話人、「子育て議員連盟」発起人・共同代表をつとめており、広い人脈を持っていた。そのつながりで、東京都や複数の党代表を含む多数の国会議員を紹介していただき、面会して趣旨を説明した上で、要望書を手交にて提出することができた。また、難聴対策推進議員連盟事務局長をつとめる自見《じみ》はなこ参議院議員の紹介で、多数の与党の国会議員にも要望を出すことができた。

暑い最中、丸一日かけて、議員会館の中を駆けずり回った。参議院会館、衆議院第一議員会館、衆議院第二議員会館を往復し、冗談ではなく、あやうく熱中症になるところだった。まさに、ドブ板活動であった。

ＩＧＢの若手で広報を担当する、コミュニケーションディレクターの吉田麻莉さんや石川さとさんにも同行していただき、「オリンピックという国民的行事に手話通訳がつかないことが大変残念である」という若い当事者の声も合わせて伝えた。ＩＧＢでは、理事以外でも、政界に関心のある方には積極的に陳情に同席していただく方針で進めている。若手に政治の現場の状況を見聞させることは、今後の当事者としての活動につながると考えているためである。また、若い世代の生の声は非常に重要であると考えていた。その甲斐あって、どの議員も我々の要望を真摯に受け止めてくださり、情報保障（手話通訳・字幕）のあり方について、理解を深めるキッカケをつくることができた。

③刺さるキラーコンテンツの作成

さまざまなステークホルダーが意思決定に関与するため、キラーコンテンツを作成する上では、多様な関係者と世論を納得させるだけの公益性・公正性を示すことができるように工夫をした。

具体的には、Ｗｅｂアンケートを実施し、オリンピック・パラリンピック放映の情報保障（手話通訳・字幕）が必要か、不要か、またそのあり方について意見を募集した。きこえにくい・きこえない方だけでなく、きこえる方など一般の方も含めて広く募集し、最終的には、三〇〇〇名近くの方からの回答があり、さまざまな属性の方から意見をいただけた。

ＩＧＢの強みである機動性を活かして、オリンピック期間内という短期間でアンケートを実施することができ、キラーコンテンツの話題性を高めることができたと自負している。また、分析した結果を東京都庁記者クラブにて行なわれた会見にて公表することで、世論形成につなげることができた。

†今後への期待

今回、ろう通訳がオリンピック・パラリンピック開閉会式という国民的イベントについたことは、先進的な取り組みとして評価できる。今後、さらなる定着を目指し、これまでに述べたようなさまざまな課題を一つずつクリアしていくことで、オリンピック・パラリンピックのレガシーが生かされるだろう。実際に、二〇二二年北京オリンピック・パラリンピックでは、開閉会式がすべて、ろう通訳付きで放映された。

今後は、オリンピック・パラリンピックだけでなく、災害時の緊急放送や国民的イベント、たとえば、広島や長崎で行なわれる平和記念式典などの放送でも、同様に字幕に加えて手話通訳を放送することを期待したい。これらが、当事者が要望しなくても、当たり前に行なわれることになってほしい。

その追い風となる、新たな法律も成立した。二〇二二年五月一九日に成立した、障害者による情報の取得及び利用並びに意思疎通に係る施策の推進に関する法律（通称、障害者情報アクセシビリティ・コミュニケーション施策推進法）だ。この法律を巡っては一〇年にわたり、日本障害フォーラムや全日本ろうあ連盟などの障害者団体が制定を要望してきた。

この法律の目的は、すべての障害者があらゆる分野の活動に参加するためには、情報の十分な取得・円滑な意思疎通が極めて重要であるということを示し、障害者による情報の取得利用・意思疎通に係る施策を総合的に推進し、共生社会の実現に努めることだ。国及び地方公共団体、事業者に対して、障害者がその必要とする情報を十分に取得し及び利用し並びに円滑に意思疎通を図ることを努力義務としている。

また、障害を理由とする差別の解消の推進に関する法律（通称：障害者差別解消法）の改正法が二〇二一年五月に成立し、これまで民間の事業者の「努力義務」とされていた合理的配慮の提供が、国や地方公共団体などと同様に「義務」（法的義務）となった。この改正法は、公布日である二〇二一年六月四日から起算して三年以内に施行される。今後、すべての放送事業者は、これらの法律に則って、手話通訳を放映するよう期待したい。

また、今回の東京オリンピック、パラリンピック放映への手話通訳導入をきっかけに、手話議連のメンバーである東京都議が、手話言語条例に関するワーキングチームを設立し、検討を進める動きが起きた。そして、二〇二二年六月一五日に都議全員の共同提案、全会一致で東京都における手話言語条例可決成立という素晴らしい波及効果をもたらした。

マイノリティの動きは小さなものであるが、小さな風穴を、やがては大きな穴にし、制度を大きく動かしたり壁を崩したりできる事例を見てきた。この動きが繰り返されれば、当事者発信の、真に「誰一人取り残さない」インクルーシブ社会の実現につながるだろう。

参考文献

東京２０２０オリンピック・パラリンピック競技大会　東京都ポータルサイト「東京２０２０D&Iアクション――誰もが生きやすい社会を目指して」https://www.2020games.metro.tokyo.lg.jp/special/watching/tokyo2020/games/unity-in-diversity/diversity-inclusion-tokyo2020-actions/

公益財団法人　東京オリンピック・パラリンピック競技大会組織委員会「Tokyo2020 アクセシビリティ・ガイドライン」二〇一七年

東京都福祉保健局「東京都障害者への理解促進及び差別解消の推進に関する条例」

ＮＰＯ法人手話教師センター「ろう通訳カリキュラム（日本語版）」

https://www.jsltc.org/ 翻訳 - 通訳教育／ろう通訳カリキュラム - 日本語版／

ＩＰＴＶアクセシビリティコンソーシアム　公式ホームページ
http://www.iptv-acc.jp/

川森雅仁「5章 ITU-T における IPTV アクセシビリティ技術の検討状況」『映像情報メディア学会誌』69巻9号、一般社団法人映像情報メディア学会、二〇一五年

ITU, 'FSTP-ACC.WebVRI-Guideline on web-based remote sign language interpretation or video remote interpretation（VRI）system', 2020

第五章〈変革事例3〉

パブリックコメントにろう者の意見を

Watch your thoughts, they become your words; watch your words, they become your actions; watch your actions, they become your habits; watch your habits, they become your character; watch your character, it becomes your destiny.

…………Margaret Hilda Thatcher

考えは言葉となり、言葉は行動となり、行動は習慣となり、習慣は人格となり、人格は運命となる

…………マーガレット・サッチャー

1 なぜ難聴児の問題をろう者に尋ねないのか

†パブコメに当事者の声が反映されない問題

パブリックコメント（以降、パブコメと略す）は「行政手続法」で定められている意見公募手続のことだ。パブコメは、行政機関が政策を実施するために政令や法令を定めたり、制度の改廃を行なったりする際、事前に案を公表して意見を募り、集まった意見を考慮する仕組みのことで、主に以下を目的として行なわれる。

・行政運営の公正さの確保と透明性の向上を図る
・国民の権利利益の保護に役立てる

「国民の権利利益の保護に役立てる」という目的を達成するためには、パブコメ自体が、この問題のステークホルダーが理解できて、かつ、意見を提出できる仕組みでなければならない。

しかし、ろう者にとって重要な問題にもかかわらず、ろう者が必要事項を理解したり、意見を提出したりすることが難しいという事態が起きた。

二〇二一年一二月一〇日に、厚生労働省は「難聴児の早期発見・早期療育推進のための基本方針案」に関してパブリックコメント（意見公募）を開始した。本方針案は、きこえない・きこえにくい子の療育を決める重要な内容であるにもかかわらず、説明している言語、および、提出する言語が、原則として日本語のみに限定されていた。パブリックコメントを管轄する総務省が二〇〇六年三月二〇日に各府省庁に出した通達では、次のような記載があった。


　意見提出に使用する言語は原則として日本語とする。ただし、個々の案件に応じ、外国法人等が利害関係者と認められる場合には、速やかに日本語訳の提出がなされる条件の下で、他言語による意見提出を認めることが検討されるべきである。

つまり、日本語以外の言語を使用する者（たとえば、日本手話という日本語とは異なる文法体系を持つ言語を使用するろう者など）の意見提出が可能かどうかがわかりにくく、結果として、意見を出しにくい状況を生み出していたのだ。総務省の見解では、他言語には、外国語だけでなく日本手話も含まれるとのことだが、本通達では分かりづらいため、日本手話も具体的な例として記載することを要望した。

このパブコメの運用を改善するにあたって、以下の三点をパブコメ関係者や社会に理解してもらう必要があった。

・音声言語ではなく、視覚言語を第一言語（ここでは、個人がもっともよく使い、また得意とし、アイデンティティの支えとなる言語という意味で使用する）として生活をしている人がいること
・視覚言語の一つとして日本手話があるが、これは日本語とは別の文法体系を持つ一つの言語であること
・考えたり、意見を述べたりするには、第一言語を使用することが重要であること

読者の方々にも知ってほしいので、少し長くなるが、ここからろう者と日本手話について説明していく。これは同時に、「難聴児の早期発見・早期療育推進のための基本方針案」が出てきた背景の解説にもなっている。

†きこえない・きこえにくい子を持つ親が最初にぶつかる壁

きこえない・きこえにくい子は一〇〇〇人に一人の割合で生まれてくると言われている。そして、その子どもたちの九〇%の親たちは、きこえる人（聴者）だ。聴者の両親の多くは、生まれてきた赤ちゃんの耳がきこえない・きこえにくいことを知って大きなショックを受ける。私の母もそうだった。絶望のあまり、心中しようと思ったこともあったそうだ。障害に対するネガティブなイメージと、きこえない・きこえにくい子の将来像が描けないことから、絶望感が生じたのだろう。このように、きこえない・きこえにくい子を持つ親は、突如として未知の世界に放り込まれる形になり、暗中模索で、我が子の言語獲得やコミュニケーションに多大な労苦を払うことになる。

きこえない・きこえにくい子は、さまざまな方法で情報取得やコミュニケーションを行なう。視覚情報や視覚言語が合う子もいれば、聴覚情報や音声言語が合う子もいる。自分自身の特性に応じて、手段を選ぶ必要がある。しかし、今の日本では、残念ながら、さまざまな手段を活用して包括的にきこえない・きこえにくい子をケアする仕組みが不十分のままになっている。その結果、親は自力でさまざまな機関を回り、情報収集した上で、育て方や対応の方針を決定するしかなく、その負担が大きいのが現状である。

†視覚言語の立ち位置

「音声言語ではなく、視覚言語を第一言語として生活をしている人がいる」とはどういうことか。

言葉は大きく分けて「話し言葉」と「書き言葉」に分けられる。「話し言葉」は日常的な生活の中で会話に用いられる言語のこと、「書き言葉」は文字によって書き記す場合に用いられる言語のことで、書記言語とも言われている。

「話し言葉」には、「音声言語」と「視覚言語」がある。その中でも、手話は、手や指、顔の表情などを使った視覚言語であり、音声言語とは異なる文法体系を持った独自の言語だ。手話には、音声言語である日本語に手話単語を一語一語あてはめていく「日本語対応手話」と呼ばれているものと、独自の文法を持つ「日本手話」があると区別されることもある。

そして、「第一言語」とは、一般的には、最初に習得する言語を意味することが多いが、本書では、もっともよく使い得意とし、アイデンティティの支えとなる言語と定義したい。

第一言語は、一般的には親が話す母語のことであり、生まれた国の公用語、つまり母国語に一致することが多い。これが思考の発達の基礎やアイデンティティ形成の拠り所となる。一方で、ろう者の言語習得はこのようなマジョリティの典型例と一致しない。親がろう者である場合は、手話が母語であり第一言語だが、親が聴者であれば音声言語が文字通りの母の言語、母語になり、最初に習得させられる言語は音声言語になる。

しかし、多くのろう者にとって音声言語は思考の拠り所になる第一言語になりにくい。のちに手話に出会った場合、手話を拠り所に思考や認知発達、アイデンティティ形成を発達させるようになる。また成長してから手話コミュニティに所属することで、コミュニケーションを充実させる。

音声言語の習得は単語羅列の学習になりがちで、実際の生活ややりとりに紐づけられた生きた言語になりにくい。手話言語に出会って初めて、仲間と時間差なくやり取りし、議論し、自分の考えを述べることができるようになったというろう者は多い。そうしたろう者が「自分の第一言語（母語）は手話だ」と言うのである。

†手話は言語である

きこえない・きこえにくい子が言語を選択し、使用して社会の中で生きていくにあたり、その言語が社会的に認められているかどうかは非常に重要な問題だ。言語の平等性を位置付ける枠組みとして「言語権」という考え方がある。言語権とは、ある地域で言語を使用する者の意思疎通を図るために言語を選択する人権・市民権に関する権利のことである。しかし、今の国連では、まだ言語権に関しては、公式な宣言を採択するまでには至っていないのが現状である。一九九六年にＮＧＯを中心として「世界言語権宣言」が出されたが、公式に認知されるには至っていない。

一方、手話に関しては、二〇〇六年に国連総会で採択された「障害者の権利に関する条約（以下、障害者権利条約）」において、はっきりと言語であると宣言された。

障害者権利条約では、第二条の中に以下の記述があり、手話が音声言語と同様に言語であることが宣言された。

第二条　定義
「言語」とは、音声言語及び手話その他の形態の非音声言語をいう

また、手話だけではなく、盲ろうの人たちが使う指点字なども言語であるとされている。手話を言語と認めてほしい、というのは世界の多くのろうの人たちにとっての悲願だった。国内では、二〇一一年に改正された障害者基本法において、「意思疎通のための手段」の例示として「言語（手話を含む。）」と規定されているにとどまっている。

第三条（地域社会における共生等）
三　全て障害者は、可能な限り、言語（手話を含む。）その他の意思疎通のための手段についての選択の機会が確保されるとともに、情報の取得又は利用のための手段についての選択の機会の拡大が図られること。

そして、鳥取県は二〇一三年一〇月、全国に先駆けて「手話言語条例」を成立させた。同様の条例は、三四都道府県、四二二市区町村、計四五六自治体で制定されている（二〇

二二年七月一一日現在)。当事者団体や地方自治体の努力に加え、障害者権利条約が大きな後押しになったことはいうまでもない。現在、国内では手話言語法の制定を求める声が大きくなっており、全日本ろうあ連盟を中心にロビイング活動が続いている。

ニュージーランドでは、二〇〇六年に世界で初めて「ニュージーランド手話言語法」が制定された。手話が公用語の一つとして認められているのだ。公用語とは、政府会見や裁判など、公式の場で使ってよい言語のことだ。公用語として複数の言語が定められた場合には、その国の政府はすべての言語を用いて公的情報を国民へ伝えなければならないとされている。また、ニュージーランド以外にもパプアニューギニアや韓国などで、手話が公用語として認められている。

実は今の日本では公用語は定義されてない。ただ、法律上「国語」という用例はあり、そのような条文では日本語のことを国語と言うのが暗黙の了解となっている。たとえば、小学校などで義務教育として行なわれる普通教育では「読書に親しませ、生活に必要な国語を正しく理解し、使用する基礎的な能力を養うこと」(学校教育法〔昭和二二年法律第二六号〕第二一条第五号)が、その教育の目標の一つとされており、このときの「国語」が日本語を指しているのは自明だ。ただし、「国語＝日本語」という一対一対応の関係は、国内のマイノリティ（少数派）言語の話し手や複数の公用語が使用されている国の人から見れば、自明のこととは言えない。

また「裁判所では、日本語を用いる」（裁判所法〔昭和二二年法律第五九号〕第七四条）という規定があり、裁判所では日本語しか使用することができないが、通訳者の関与に関する規定があり、刑事訴訟法（昭和二三年法律第一三一号）第一七五条では「国語に通じない者に陳述をさせる場合には、通訳人に通訳をさせなければならない」、また、民事訴訟法（平成八年法律第一〇九号）第一五四条第一項では「口頭弁論に関与する者が日本語に通じないとき（略）は、通訳人を立ち会わせる」と規定されている。

なお、国が作った政令などの方針案に対し、行政手続法に基づいて国民の意見を受け付けるパブリックコメント制度（意見公募）については、法律上は日本語に限定する記載はなく、手話を制限していない。

†ろう教育と手話

きこえない・きこえにくい子の教育現場（主にろう学校）においては、長い間、手話が禁止されていた。一八八〇年にイタリアのミラノで開かれた第二回聾教育国際会議においいて、ろう者への教育には、「手話法」よりも、「口話法」のほうが優れていると宣言されて以来、口話法がろう学校では主流となっていた。その後、二〇一〇年にバンクーバーで開かれた第二一回聾教育国際会議において「手話を否定したミラノ会議のすべての決議を却下する」旨の決議が採択された。

このような背景のもと日本でも最近まで、ろう教育の現場において手話は排除されてきていた。（聴覚）口話法とは、補聴器による残存聴力の活用と読唇を併用し、音声言語による言語取得を目的として行なう。最新の医療技術や教育方法をもってしても、きこえない・きこえにくい子を、きこえる子とおなじにすることはできない。また、口話法がすべての子に有効な方法でもない。場合によっては、ろう児にとって多大なストレスを与え、自尊心を傷つける結果となってしまう。

にもかかわらず、ろう教育の現場では、手話で表現をすることとそのものを教えておらず、手話による教科教育もほとんど行なわれていない。東京都品川区にある私立特別支援学校の明晴学園は、すべての活動や授業を日本手話と書記日本語で進める日本で唯一の学校である。

こうした現状に対し、近年、ろう者などから手話による教育を求める声が高まっている。

その背景には、世界的に手話の言語性認知が広がったこと、障害のある人たちの権利およびアイデンティティの確立がある。

きこえる子どもは、生まれてすぐ親など周囲の人が話す大量の言葉を聞いて育ち、話し言葉を自然に言語として取得する。そして、取得した話し言葉で自分の意思を表現し、他者とコミュニケーションすることで、知的な発育を遂げる。聴覚からの刺激が入らない、きこえない・きこえにくい子にとっては、自然に獲得する言語として手話が最適だと考えられる。

幼い時期からきこえない・きこえにくい子を手話に接する環境に置き、手話を習得させることで、あらゆる能力の基盤となる言語能力を獲得、向上させることができ、人間が生きるための基本的な情報をより容易に取得することができるのである。

しかしこれまで、新生児聴覚検査や乳幼児の検診・相談で聴覚障害が判明した場合、保護者に対しては障害の存在の告知がされるのみで、指導・助言がなかった。助言があったとしても、補聴器の選定や人工内耳の埋込み手術についての情報提供がされる程度であり、手話についての適切な説明はされてこなかった。そのため、言語獲得のもっとも重要な時期に、十分な言葉の獲得ができない子も少なくなかった(日本弁護士連合会、二〇〇五)。

†難聴対策推進議員連盟の提言

このような状況に対して行動を起したのが、難聴対策推進議員連盟である。

「難聴」とは、端的にいうと、特定の音がきこえにくい状態のことを指し、先天的なもの（主に感音性）、加齢性、騒音性、伝音性、突発性など、さまざまなタイプがある。日本医師会及び日本補聴器工業会の調査結果によると、国民全体の一一・三％にあたる、約一四三〇万人が難聴であるという数字が発表されている。

中耳や内耳の障害で生じる先天性難聴については、近年の医療のめざましい発展により、生後すぐに難聴が発見できるようになった。しかし、難聴の早期発見に重要な新生児聴覚検査の現状は、令和元年度では、公費負担を実施する自治体が五二・六％となっており、難聴に対する医療体制、療育体制、教育体制などには地域により差がある（厚労省、二〇二一）。多くの保護者は出生後間もない時期から、子どもの発達や発育に見通しが立たないまま不安を抱えている。

こうした現状を改善し、難聴児教育の地域格差を生じさせないことなどを目的として、二〇一九年四月に「難聴対策推進議員連盟」（以降、難聴議連と称する）が発足した。難聴議連は、厚生労働省や文部科学省に対して、「新生児聴覚検査及び聴覚障害児支援の推進」の提言を行なうなど、大きな成果を上げてきた。

並行して、二〇一九年三月に厚生労働省・文部科学省において、「難聴児の早期支援に向けた保健・医療・福祉・教育の連携プロジェクト」が立ち上がり、各地方公共団体における保健、医療、福祉及び教育部局並びに医療機関等の関係機関の連携をよりいっそう推進し、難聴児本人及びその家族への支援につなげるための方策の議論が開始された。そして、二〇二一年三月に「難聴児の早期発見・早期療育推進のための基本方針作成に関する検討会」が立ち上がり、基本方針作成のための議論が開始された。

厚労省によるパブコメの開始

こうして厚生労働省は、二〇二一年一二月一〇日に「難聴児の早期発見・早期療育推進のための基本方針作成に関する検討会」にて検討した「難聴児の早期発見・早期療育推進のための基本方針案」に関してパブリックコメント（意見公募）を開始した。本方針案は、難聴の検査率を向上させ、再検査が必要と判断された子どもと、その家族への支援を強化することなどを定めていた。厚生労働省は、意見公募を始めた当初、募集要項の「提出上の注意」に、「日本語に限る」と明記していた。

言語としての手話の重要性を認識しているろう者の中には、パブコメの機会を利用して「難聴児の早期発見・早期療育推進のための基本方針」に対して、手話映像で意見を出したいと考えている人が大勢いた。しかし、当初の募集要項では、ろう者の母語である手話を用いた意見提出は認められていなかったのである。検討会でまさに議論してきた対象である聴覚障害者自身が、パブリックコメント制度の運用上の不備により、政策決定に関わりづらい状況になっていた。

IGBでは、手話で意見を伝えたかった人の声を踏まえて、当事者が政策決定の場に参加できないのは不公平だと考え、ろう者による手話映像も意見公募の対象に含めることと、パブリックコメントを募集する内容の手話での説明を求めて、二〇二一年一二月一〇日から、Change.org でオンライン署名を開始した。

パブリックコメントの終了期限が二〇二二年一月九日と時間があまりなかったために、オンライン署名と並行して、難聴議連事務局長の自見はなこ参議院議員を介して、厚生労働省に対してロビイングを行ない、短期間にもかかわらず集まった署名七四一筆を、一二月二三日に厚労省に提出した。

厚労省は一二月二四日、「幅広く当事者の意見を聞くことが重要」（担当者）として、ろう者による手話映像も意見公募の対象に含めることを決め、募集を開始した。中央省庁の意見公募は通常、日本語によるメールなどの文章が対象であり、手話映像での受け付けは中央省庁では初めてのことだ。

その結果、提出方法に手話動画が追加になったのが意見公募期間の半分を過ぎた段階だったにもかかわらず、手話動画による意見提出は二〇通あり、全体のうち六％（全体で三二六通）を占めていた。このことは、当事者の意識の高さの表れと考えられる。

また、ろう学校の教員ら有志のろう者の協力を得て、パブリックコメントの内容を手話に翻訳した五〇分ほどの動画をIGBの YouTube 公式チャンネルにて公開し、二〇〇〇名以上の方に見ていただいた。

そのあと、二〇二二年二月一日にはパブリックコメントのシステム基盤である e-Gov を管轄する、牧島かれんデジタル大臣（当時）に面会し、パブリックコメントシステムにおいて、手話動画を提出できるように改善を要望した。また、規制改革・行政改革ホットライン（縦割り一一〇番）にも同様の要望を出し、e-Gov においての改善を検討するとの回答を得た。

†改善した結果を実効的なものとするために

なるべく多くのろう者に手話動画でパブコメに対する意見を提出していただき、当事者の声を政策に反映させたいと考え、パブコメ募集期間中の二〇二一年一二月二二日に、急遽パブコメ勉強会を実施した。聴覚障害の有無にかかわらず、多くの市民にとってパブコメは遠い存在だからだ。

勉強会では、ろう弁護士の若林亮さんや藤木和子さんに法律面などの助言をいただいて、パブリックコメント制度の概要とパブリックコメントの書き方をお伝えした。この勉強会には、一〇〇名以上の参加があり、関心の高さをうかがわせた。

2　マイノリティ・マーケティングのポイント3

①ステークホルダーの整理

　ステークホルダーを整理するにあたり、「難聴児の早期発見・早期療育推進のための基本方針」の議論の中で、どのような潮流があるかを分析した。その結果、大きな潮流として、人工内耳や補聴器などを活用して、聴覚による言語獲得を進める「聴覚活用推進派」と、手話を活用して、視覚による言語獲得を進める「手話推進派」が存在することがわかった。難聴議連では、この二つのグループがそれぞれの立場で、言語獲得の優位性などについて述べているが、お互いの立場を否定することはあまりなく、むしろ、相互補完的な立場で述べることが多かった。

　しかし、聴覚活用推進派のほうが参加団体数も発言数も多く、両者が公平な議論ができていたかというと疑問がある。言語的マジョリティ（＝音声言語としての日本語を第一言語として使用する人たち）のほうが圧倒的に多く、言語的マイノリティ（＝視覚言語としての日本手話を使用する人たち）の発言数を上回ることが多い結果となっていた。元々、難聴議連は医療分野から始まっていることもあり、聴覚活用推進派が多い状況でもあった。

このような背景を踏まえて、手話推進派を後押しする世論形成のために、言語的マジョリティにも理解してもらえるキラーコンテンツを作成する必要があると判断した。

†②キーパーソンへのアプローチ

「難聴児の早期発見・早期療育推進のための基本方針」の作成担当者とアポイントを取るため、難聴議連事務局長の自見はなこ参議院議員を介して、平田菜摘・厚生労働省社会・援護局障害保健福祉部企画課課長補佐（当時）を紹介していただいた。自見議員は自身が小児科医で、ＩＧＢの手話による医療通訳の普及のための取り組みを支援してくださっている。この取り組みを主導するのは、ろう薬剤師の吉田将明理事だ。こうした関係性を活かし、自見議員にキーパーソンの紹介をお願いした。パブコメの実務を担っている官僚を動かせるのは政治家と考えたためである。平田課長補佐は、実際に基本方針を策定し、パブコメを実施する厚労省の担当者だ。パブコメのやり方を変えてもらうには、ダイレクトに働きかけるのが最短のルートであると考えた。

平田さんには、手話通訳士である藤木和子理事と共に面会し、当事者や通訳者の経験や意見に真摯に耳を傾けていただいた。パブコメに提出できる手段が日本語だけだと、ステークホルダーの一部を除外することになること、そしてその影響の大きさを十分に理解していただけた。その結果、短期間で手話動画を受け付ける体制が整ったのだ。中央官庁では、パブコメの手話動画提出の前例がなかったため、対応できる体制をＩＧＢと共に検討することで、実現につなげることができた。

③刺さるキラーコンテンツの作成

ステークホルダーの選定の際、言語的マジョリティにパブコメの手話動画対応の必要性を理解してもらえるキラーコンテンツをつくるという方針を決めた。そのため、本書第一章で紹介した、言語的マジョリティが外国旅行などで言語的マイノリティに変わるといった、主客転倒（立場が逆転すること）の例を説明に用い、まずは言語的マイノリティの立場を理解してもらうように努めた。そのうえで、意見を提出する言語が、なぜ日本手話でないといけないのかということを、私自身の経験を踏まえて説明した。日本手話はろう者のアイデンティティと直結しており、考えや意見を表明するのに最適な言語であり、この言語を使用する環境を整える必要性があることを理解していただけた。

また、神奈川県の他いくつかの地方自治体では、聴覚障害者に関するパブコメに関して、過去に手話での情報発信及び提出手段が用意されているケースがいくつかある。これも各メディアに情報提供した。神奈川県の場合は、二〇二一年一〇月に実施した「「神奈川県手話推進計画（改定素案）」に関する意見募集」において、手話による案内動画があり、かつ、手話による動画の提出が可能になっていた。実際、DVDにより、四七名の提出があった。こういった先行事例を紹介することには、対応が可能であることの裏付けを行ない、多くの人を納得させる狙いがあった。神奈川県の先行事例を調査する際は、IGB副理事長で神奈川県聴覚障害者福祉センター施設長の熊谷徹の協力を得た。都道府県でできることを、なぜ国ができないのか、といった機運を醸成でき、言語的マイノリティの主客転倒の例がさらに刺さるようになったと感じている。

こうして、新聞やWebメディアにIGBの主張をまとめたものを個別に送付し、取材依頼をした結果、数社の新聞記事・Webメディアが関心を示し、記事として取り上げられた。今回は、パブリックコメントの終了期限が二〇二二年一月九日と時間があまりなかったために、プレスリリースを発行せずに、個別に送付することで対応した。

†今後への期待

障害者などのマイノリティが政策形成にきちんと関わることができるように、言語面を含めたあらゆる面での配慮を提供する必要がある。特に手話という視覚言語については、社会の理解が不十分であることが原因で、政策形成だけでなく、社会生活のあらゆる場面でバリアとなることがまだ多い。本章で手話の言語性や、ろう教育について紙幅を割いてきたのも、読者にマイノリティ性の多様さについて気付いてほしいからである（ちなみに、他の障害者の多くは日本語を母語としている。その点で、ろう者は言語的マイノリティという立場にも置かれている）。

二〇二二年八月二二日から二三日に国連障害者権利委員会がジュネーブで実施した日本政府に対する障害者権利条約の実施状況についての建設的対話（審査）を踏まえ、二〇二二年九月九日に国連障害者権利委員会から総括所見が出された。その中には、以下の項目がある。

国として、日本手話が公用語であることを法律で認めること、あらゆる活動分野において手話を利用及び使用する機会を促進すること、有資格の手話通訳者の研修及び利用が可能であることを確保すること。

そして、三カ月後の二〇二二年一二月一五日から二〇二三年一月一三日に行なわれた、障害を理由とする差別の解消の推進に関する基本方針（改定案）に関する意見募集においても、同様に手話動画で意見を受けつけた。今後は他のパブコメにおいても、同様な取り組みがなされることを願う。

今後、「手話言語法」が成立し、視覚言語である手話を言語として国が認め、認知が広まり、社会が変わることを期待する。その制定の過程において、ＩＧＢも多くの関係者と協働し、我々だからこそ可能な交渉や調整分野で力を発揮できればと考えている。

参考文献

総務省行政管理局長「行政手続法第6章に定める意見公募手続等の運用について」二〇〇六年三

月二〇日
厚労省「令和元年度「新生児聴覚検査の実施状況等について」の調査結果を公表します」二〇二一年
https://www.mhlw.go.jp/stf/newpage_17311.html
全日本ろうあ連盟ホームページ「手話言語法制定推進事業」
https://www.jfd.or.jp/sgh
明晴学園ホームページ
https://www.meiseigakuen.ed.jp/
一般社団法人 日本補聴器工業会ホームページ
http://www.hochouki.com/
日本弁護士連合会「手話教育の充実を求める意見書」二〇〇五年
全国ろう児をもつ親の会編『ろう教育と言語権』明石書店、二〇〇四年
高嶋由布子、杉本篤史「人工内耳時代の言語権——ろう・難聴児の言語剥奪を防ぐには」『言語政策』16巻、日本言語政策学会、二〇二〇年
国際連合 障害者の権利に関する委員会第27会期「日本の第1回政府報告に関する総括所見」仮訳、二〇二二年一〇月七日

第六章〈対談〉

「普通のあなた」とマイノリティが社会を変える

――伊藤芳浩×駒崎弘樹（認定NPO法人フローレンス会長）

2022年12月、対談会場にて。
右が伊藤芳浩氏、左が駒崎弘樹氏。

駒崎弘樹（こまざき・ひろき）

一九七九年、東京都江東区生まれ。政策起業家。病児保育問題に取り組むため、二〇〇四年にNPO法人フローレンスを立ち上げ、現在は同法人会長を務める。医療的ケア児のための保育園設置、こども宅食など、さまざまな分野で事業を立ち上げるとともに、政策提言を行なっている。二〇〇七年、Newsweek日本版「世界を変える社会起業家100人」に選出。著書に、『「社会を変える」お金の使い方』（英治出版）、『働き方革命』『政策起業家――「普通のあなた」が社会のルールを変える方法』（ちくま新書）などがある。

†『政策起業家』がつないだ縁

伊藤　この『マイノリティ・マーケティング』を執筆するにあたって、駒崎さんのご著書『政策起業家』を大いに参考にさせていただきました。『政策起業家』の副題は「「普通のあなた」が社会のルールを変える方法」ですが、『マイノリティ・マーケティング』は「マイノリティが社会を変える」ことがテーマです。駒崎さんはこれまで病児保育などに取り組まれてきたと思うのですが、事業の立ち上げや事業を進めていくにあたって、苦労された点があると思いますので、今日は色々とお伺いできるのを楽しみにしてきました。駒崎さんはこれまで、きこえない方と会われたことってありますか？

駒崎　お会いしたことはあるんですけど、こういうふうにちゃんと対談するのは初めてです。

伊藤　そうなんですね。きこえない人は三〇〇人に一人とかなりのマイノリティなので、今回のようにきこえる人がきこえない人と出会い、さらに、対談するという機会はなかなかないので、大変貴重だというふうに思います。こうして、対談する機会を持つことができて、大変嬉しく思います。今、「silent」という、きこえない方が出てくるドラマが注目

されていますよね。ご覧いただいてるかなと思いますが、いかがでしょうか。（編集部注／二〇二二年一二月収録）

駒崎　はい、見てます。じつは、僕の妻の母が手話を習ってて、すごく楽しそうにやってるんですよ。

伊藤　そうなんですか。手話を学ぶ方も多くはないので、貴重な存在ですね。どのようなきっかけで、習いはじめたのでしょうか。

駒崎　病院の受付で車椅子の聴覚障害者の方と付き添いの人を見かけて、付き添いの方が聴覚障害者の方の意思を受付の方に伝える、という通訳をしている風景を見て感動したのがきっかけみたいです。

伊藤　そうなんですね。実は私が手話を習得したのは、大学生のときなんです。私は生まれつききこえない子どもとして生まれました。そして、親の方針で、口話教育をしているろう学校へ幼稚部の間だけ通わされて、そこで日本語を獲得しました。口話教育というのは、口の形を読み取る方法で、コミュニケーションするやり方なんですね。そこでは、手話をほとんど使わなかったので、学ぶ機会がなかったんです。そして日本語を獲得しましたが、口話だけだと同音異義語や口の形が似ている言葉があって、コミュニケーションしづらいんです。

駒崎　そうでしょうね。

伊藤　口の形が似ている言葉の例として、「卵」と「タバコ」などがあります。同音異義語の例としては、「こうしょう」だと、なんと四八パターンもあるんです。口の形を見ていますので、話を最初から最後までよく見ておかないと判断ができないということがたくさんありました。勘違いをしたり、コミュニケーションの面でいろいろな苦労があったところで、大学入学後に、同じ障害を持つ学生の集まりで、手話を皆が使っている場面に出会い、そこで始めました。また、大学には手話サークルがなかったので、自分で立ち上げました。

駒崎　へー！　伊藤さんが小さかった頃は、手話教育というのは行なわれていなかったんですね。

伊藤　そうです。私が学んでいた昭和四〇年代というのは、まだまだ手話が公的な教育方法として認められていない時代でした。手話を使うと日本語習得に支障があるという誤解があり、あまりよくないとされていて、厳しく禁止されているところもたくさんありました。その後、二〇〇〇年代になり、やっと手話で教育をしてもいいという方針が出されて、そこから徐々に変わってきました。私が幼い頃から、どんどん変化してきていますね。

駒崎　それを知らなかったので、すごく新鮮でした。手話って当然のものだと思っていたんですが、そうじゃなかったんですね。そういうふうにきこえない子どもの教育のあり方が変化してきたっていうことは、たぶん多くの人も知らない。このことが知られることは、すごく大切なことだなと思います。

伊藤　そのとおりですね。

†こども家庭庁への政策提言

駒崎　インフォメーションギャップバスター（以下、IGB）は、二〇二二年にこども家庭庁の設立が決まったときに、採用すべき政策として「こども家庭庁　聴覚障害児ことば教育五策」の提言を行なわれたんですね。そのときに私どもの提言「こども家庭庁八策」を参考にしてくださったと聞きました。とても嬉しかったんですが、どうして知っていただけたんでしょうか？（図16）

伊藤　まず、提言の背景にある問題からご説明したいと思います。先ほども手話が禁止されていた時代があったとお話ししましたが、今もまだまだ、手話での教育という選択肢は

提言書こども家庭庁　聴覚障害児ことば教育五策

NPO法人インフォメーションギャップバスター

第一策：療育に必要な情報を提供する体制の確立
第二策：療育環境の地域格差解消・親の経済的支援
第三策：聴覚障害児のアセスメント・介入体制の確立
第四策：聴覚障害児のセルフアドボカシー教育の確立
第五策：聴覚障害児の情報保障体制の確立

提言書　こども家庭庁八策

認定NPO法人フローレンス

第一策：ICTとアウトリーチで申請主義を打破
第二策：政策ラストワンマイル問題の解決！政策セカンドトラック制の実現
第三策：虐待を未然に防ぐ！虐待予防サービス制度の導入
第四策：共働き家庭のためだけの保育園から「みんなの保育園」へ
第五策：子どもたちをあらゆる暴力から守る仕組みを、全ての保育・教育現場に
第六策：ひとり親世帯を貧困から守る！養育費の支払いの義務化、立替制度の創設
第七策：未来を支える子どもたちのために財源と人員体制の確保を！こども基金の創設
第八策：こども基本法など、子どもの権利を保障する法律の整備

図16　こども家庭庁への提言

さほど広くないんですね。

駒崎　なるほど。

伊藤　多くの先生方が手話を知らないという現状があります。特に教育現場では異動が多いですね。ろう学校に手話を知らない先生が配置されることも多いので、赴任してから手話を学びはじめるという先生もたくさんいます。そのため、きこえない子どもたちには手話が必要であるにもかかわらず、先生方の手話の技術がかなり立ち遅れてるんです。

また、聴覚障害児の療育について、親が適切な情報を得ることが難しいという問題もあります。出生時に、子どもがきこえないのかどうかを調べる新生児聴覚スクリーニングという検査があるんですが、きこえないとわかったときに、その子を育てる方法の選択肢を伝えるのは耳鼻科の先生です。そのときに、「人工内耳を使える場合には聴覚を活用しますが、人工内耳が適さない子どもの場合には手話というものがあります」という情報を伝える医師がほとんどいないという状況にあります。耳鼻科の先生は人工内耳を専門に扱う場合が多いですから、手話という選択肢もあるという情報が平等に伝わらないわけです。

これらの問題を解決したいと模索していたときに、こども家庭庁の設立が決定し、政策提言を行なう絶好の機会だと考えました。他の団体からこども家庭庁を対象にした政策提言などがないかどうか調査をして、こちらの「こども家庭庁八策」を見つけ、参考にさせていただいたという次第です。

駒崎　ありがとうございます。民間から政策提言をする政策起業家はまだまだ少ない、レアですよね。こうやって、こども家庭庁設立に合わせて政策を打ち込んでいこうという試みも、まだまだ少ない。なので、伊藤さんがこうして提言をしてくださったのは嬉しいです。

伊藤　「こども家庭庁八策」の理念・課題・打ち手の提示という構成や、ポイントをコンパクトにまとめて、また、イラストや図を入れて分かりやすく説明する手法は、とても参考になりました。

今、駒崎さんはこども家庭庁に対して政策提言をするのはレアだという言い方をされました。なぜそうなるのか、その理由をお聞きしたいです。民間の団体は政策提言のために必要な技術や知識がないからなのでしょうか。

駒崎　そうですね、まだ一般的ではないですが、知識や技術を身につければ、誰でもできると思います。特に僕らＮＰＯは、どんどん政策提言していくべきですね。

伊藤　その点は私も深く同意いたします。まさに、私が『マイノリティ・マーケティング』を執筆したのも、その知識などを世の中に広くお伝えしたかったのが理由の一つです。でも、マイノリティだと体力・財力などの理由で、なかなか難しい面がありますね。

駒崎　特にマイノリティの方々は、ご自身でなかなか政策提言はできないですよね。我々は医療的ケアのある子どもたちの支援をしてるんですけれども、医療的ケアのある子どもたち自身が自分たちの環境について提言するということは難しいです。言葉を話せなかったりもしますし、親御さんは二四時間三六五日の介護でそんな時間はない。でも、我々はそうした状況を知っている。だとすれば、我々が政策提言していくっていうことが必要になってくるんですよね。そういう意味で、ＮＰＯこそ政策提言をしていくべきだと思っています。

伊藤　なるほど、そうですね。当事者は多くの場合、どうしたら自身の課題を解決できるのかということで悩んでいると思います。ですが、聴覚障害がある場合、日本語が第一言語でないなどの理由により、お困りごとを言語化して主張するというセルフアドボカシーが難しいことが多いです。自分で改善したいもの、モヤモヤを言葉にしたり、わかりやすくデータを作って数値化して表したりという技術を持っている方はそんなに多くはいないですね。

駒崎　どうしても当事者の方の多くは、目の前のことでいっぱいだ、生活をするのでいっぱいだっていうふうになってしまうので、課題を政策担当者にわかりやすく説明するとか、自分だけでなく他の多くの人たちも困ってるんだっていうデータを出すとか、そういうことはなかなかできないですよね。だから、「そうですか、困ってるんですか」で終わっちゃう。そこでちゃんと政策や制度を変えていくためには、やっぱりもうひとつ、技術ややり方を知る必要がありますよね。

伊藤　そのためにも、政策起業家が代弁する――代弁というとおこがましいと思うんですけれども、当事者自身は生活でいっぱいいっぱいだというなかで、その心を汲んで、その思いを汲んで言葉にして説明できる、そういう代弁ができる支援者をもっと増やしていくべきではないかと考えています。

駒崎　大賛成です。特に伊藤さんの場合はご自身もまた当事者なので、すごく説得力がありますよね。当事者の方が自ら政策を変えていくことができれば、当事者の皆さんにとっても希望になるんじゃないかと思います。

†当事者であること、そうでないこと

伊藤　駒崎さんにとっては、ご自身が当事者であるときと、そうでないときで、活動の仕方に違いはありますか？　たとえば、男性の育休取得や子育てを推進するイクメンプロジェクトでは、駒崎さんも子育て中のお父さんという当事者の立場だったと思います。

駒崎　たしかに、自分自身が当事者性を持つ場合と、持たない場合がありますね。自分自身が当事者性を持つ場合、たとえばイクメンプロジェクトについては、主語を自分にできるし、ある意味で〝当事者性を振り回して〟社会に対して発信しました。一方で自分が当事者じゃない場合、たとえば医療的ケア児たちや虐待をされている子どもたちの問題に取り組むときは、ちょっと引いた視点で、データやヒアリングをもとに「こういう構造があるんですよ」と社会構造を浮き上がらせて、「この構造が犠牲者を生んでるんですよ」というふうに可視化して、「じゃあこれを解決するためにはこれが必要ですよね」とつなげることで、全体感を出すようにしています。

虐待の問題とかって、人々の感情を揺さぶるもので、話を聞いた人はみんな、どうにかしたいどうにかしたいって思う。だけど、解決策を提示できる人ってそんなに多くない。

だから犯人叩きで終わってしまうんです。「虐待をする母親が悪い」っていうふうに、ただ個を叩いて終わってしまう。最近も、静岡県の保育園で保育虐待事件が起きました。三人の保育士が逮捕されて、「なんてひどい保育士だ」って叩かれた。でも、その背景には、保育士が追い込まれて虐待行為に及んでしまう社会の構造があるんですよ。そこをつまびらかにして、出していくっていう形を取るようにしています。

伊藤　どういう立ち位置で語るかというのがポイントなんですね。

駒崎　そうですね。イクメンプロジェクトのときは「自分は二カ月育休をとって、そのときの体験で言いますと……」と、エピソードベースで語りました。非当事者の場合は、データや構造にちょっと重心を置く。どっちもデータの話はするんですけど、重心の置き方、語りを少し変えるイメージです。

伊藤　当事者がエピソードを語ることの強さは私も感じています。IGBでは電話リレーサービスの実現に取り組み、二〇二一年七月にやっと公的なサービスとしてスタートしました（第三章）。実現に向けた活動をしていた時期に、たまたまなんですが、私のろうの知人がボートで遊びに出かけて、岩にボートが座礁して動かなくなってしまったんです。当時、電話リレーサービスは試行的に実施されていることもあって、緊急連絡には使えないはずだったのですが、特別対応ということで、その地方を管轄している海上保安部につながり、無事に一命を取り留めたという事件がありました。

駒崎　よかった！

伊藤　私は、その知人が、当事者だからわかる生の声を政府の方々に伝えるべきだと思いました。ただ、本人だけの説明では難しいと察しましたので、知人を連れて、総務大臣政務官にお会いし、ことの次第をお伝えしました。そこで、「もう命はないのかとショックを受けて青ざめた事を今でも忘れることができません」など、本人の声でリアルに伝えることができました。彼は、救助を待つ間、長時間海中にいたため、低体温症になるなど、心身にダメージを負いました。このことは新聞などさまざまなメディアに取り上げられ、電話リレーサービス公的サービス化の実現につながるとても大きなきっかけになったかと思います。当事者しか持っていないコンテンツを活用して、政府の担当者にぶつかって悩みを伝えるというのは、インパクトがあることだと思っています。

駒崎　当事者の声っていちばんインパクトがあると思います。当事者性があるというのは強みでもありますよね。伊藤さんは、きっと今まで、ご自身の強みである当事者ということを十分に活用してこられたでしょうし、これから、どんどん政策を変えていっていただきたいと思います。

伊藤　心強い言葉をありがとうございます。

†政策の窓を開く

伊藤　電話リレーサービスのときには、世間の注目を集める事件が、政策実現の一つのきっかけになりました。フローレンスではいつも、どういった形で政策に結びつけるきっかけづくりをしているのでしょうか。

駒崎　我々の場合も、何かの事件や事故をきっかけにするパターンは多いです。最近の例では、通園バスの中に子どもが置き去りにされて亡くなってしまった事件がありました。これはすごく悲しい事件で、世の中じゅうが胸を痛めました。そこで我々はインターネット署名キャンペーンを行ないました。「子どもが通園バスに取り残されているときに、それを知らせる装置を義務化してほしい」と、置き去り防止装置の義務化を訴える署名キャンペーンをやったんですね。そうしたら、四万人を超える人が署名をしてくれました。それを僕らが大臣のところに持って行って要望した。結果、置き去り防止装置設置の義務化が実現しました。立ち上がってから実現するまで三週間。なぜこんなに短期間で実現したかというと、やっぱり世論が盛り上がっている時期だったからですね。これを『政策起業家』の中では「政策の窓が開いている」というふうに表現しています。窓が開いてるときは、スピーディに物事や仕組みが変わっていくことがあります。同じことでも、窓が閉じていると何年も実現しない。ですので、窓が開いた瞬間に打ち込むということをやっています。

伊藤　世論が盛り上がっているときに動く、ということでしょうか。

駒崎　はい、人々の関心がそのテーマに向かっているときです。

伊藤　世論が盛り上がっているときに動くこともありますが、自分から世論を盛り上げていく、火をつけるというパターンもあると思います。盛り上がっているときに動くほうがスムーズに進むのですが、メディアに記事を書いてもらったりして世論を盛り上げていくという方法にもチャレンジしています。駒崎さんは、世論を自分から作っていくというような経験を今までされていますか。

駒崎　はい、何もないなかで世論を盛り上げていくということもあります。むしろそちらが通常かもしれません。

たとえば、二〇一〇年から、厚生労働省と一緒にイクメンプロジェクトというのをやっています。当時は、男性の家事育児への参加を増やしたい、そういう世論を高めたい、でも世論はまったくない、という状況でした。そこで、男性で家事育児をしている人はかっこいいんだっていうことを示すために、イケメンをもじって「イクメン」という言葉を生み出して、世の中に広げるということをしました。この言葉がいろんなメディアに出たりドラマになったりして、ちょっと波が高まってくる。それを背景に育休の制度を充実させていきました。事件が起きるかどうかは予測できないので、通常は自分たちで世論を盛り上げることをやっていますね。

伊藤　そのなかで私が苦労しているのは、みんながまだまだ興味を持っていない、知らないテーマに関して、どうやって注目度を高めるかということです。日本の社会の中で、子どもに関心がある方は大勢いらっしゃるかと思いますけれども、きこえない人の場合、人口のカンマ数%以下のマイノリティの問題なんです。こういった問題にどうやって注目を集めたらいいでしょうか。

駒崎　きこえない人の人口がすごく少なかったとしても、今、手話が出てくるドラマがあって、すごく関心が広がってますよね。これはチャンスです。「こんな素晴らしい手話が、実は教えられてないいんですよ」って言って、打ち込んでいける。人口の割合と世論の盛り上げ方って、そんなに関係ないと思っています。たとえば、僕の友人でLGBTQの方々がいらっしゃいます。人口的にはそんなに多くはない。だけど彼らの熱量と情熱と運動量によって、今やLGBTQを知らない人はいませんし、みんなが多様性を尊重するっていうふうに空気を変えてきました。

さらに言うと、世論が盛り上がらなかったとしても、制度は変えられる……ときがあります。我々の取り組みでいえば、医療的ケア児の例がそうです。医療的ケア児って実は二万人しかいないんです。日本国民の〇・〇一六％。でも、医療的ケア児支援法という法律をつくることができました。一七〇〇の自治体全部が、医療的ケア児を支援する責務を負いました。当事者の数が問題であれば、多分そんな法律はできなかったと思います。当事者が少なかったとしても、「こんなに困っている子どもたちがいて、親が二四時間三六五日介護しなきゃいけなくて、ときに心中までしてしまうんですよ。こんな状況ほっといていいんですか？」ということを強く伝えて、障害児に関心のある政治家の方々に動いてもらうよう働きかける。当事者が多くない場合は、かかるお金もそんなに大きくないので、大きな反対ってないんです。なので、意外に政治は動かせる、ということがあります。

伊藤　なるほど。当事者の数が問題なのではなく、どれだけの熱量と運動量があるかがポイントなんですね。駒崎さんの熱量と運動量の多さにはとても感嘆するものがあります。そのモチベーションの高さはどこからくるのでしょうか?

駒崎　なんででしょうねー。悔いなく生き切りたいんだと思います。死ぬ前の走馬灯を見ながら、「ああ、やり切ったぞ」と微笑みながら死にたいな、と。

†政治家や官僚は「大義」で巻き込む

伊藤　関心を持ってくれる政治家につながることにも難しさを感じています。私が今までやってきたのは、政治家の皆さんにSNSを使って情報発信をしたり、参議院、衆議院の議事録を読んで、興味がありそうな方たちに連絡を取り、相談を持ちかけ、そこから話を膨らませていく、というようなことです。そこから政策提言に繋げていくという流れで、政治家の方とつながりを持つようになりました。ある政治家の方が情報やコミュニケーションバリアの問題に関心を持ってくれるのかどうか、判断をつけるのは難しいですね。

駒崎　そうですね。

伊藤　本当に力になってくれる人もいますが、なかには誠に残念なことなのですが、選挙に落ちる方もいらっしゃいますね。一人に頼ると心配な面もありますので、議員連盟という形で組織化されているところとの繋がりをつくるのが一番いいのかなというふうに思っていますが、議員連盟を作るということもなかなか難しいですね。私がIGBを立ち上げた頃、お世話になった那部智史さんが「障がい者の自立のために所得向上をめざす議員連盟」をつくった時には、大変な労力が伴ったと聞いています。

駒崎　作ってもらえるんだったら、議員連盟を作ってもらったほうがいいですね。でも、なかったとしても、キーパーソンを押さえていけばいい。どちらも一つの手段なので、組み合わせて、最適なものを使っていけばいいかなと思います。僕らも、イクメンプロジェクトのときは、企業に対して男性の育休取得を数値で義務化する、「男性の育休『義務化』を目指す議員連盟」を作ってもらいました。そこが動いて、男性の育休をきちんと従業員に伝えることが義務化されました。これは議連で成功したパターンです。

医療的ケア児の場合は、各党のキーパーソンが集まる勉強会をしました。そこで、医療的ケアのある子たちや、親たちの話を聞く機会を定期的に持ちました。この「永田町子ども未来会議」をきっかけに、医療的ケア児支援法ができました。このように、テーマとか政治状況によってやり方は変えていくのがいいかもしれないですね。

伊藤　そうですね。キーパーソンと言われる方と一緒に進めていくという経験は私もありますので、今のお話はとてもよくわかりました。政治家を巻き込んでいくコツというのはありますか？

駒崎　いくつもあるんですけど、大元はやっぱり大義ですね。大きな志。「自分のために動いてくれ」っていうふうに言われたら「なんで？」ってなりますよね。でも、「困っている人たちがいるんです。彼ら彼女たちを助けるために力を貸してほしい」と言えば、巻き込まれてくれる。自分の利益が入り込んできちゃうとだめですね。ただ、これは僕が非当事者の場合です。当事者的性質を持っていた場合は、「こんなに困ってるんです」「こんなに困ってる仲間たちがいるんです。何とか助けてもらえないか」と言います。彼らも人を助けたくて政治家になってるので、そうすると「うん、よし頑張ろう」ってなるわけです。そのときは、当事者イコール困っている人だから、その人を助けることとイコール困ってる人全体を助けることになるという大義がある。ここがまず必要条件です。そこからはまたいろんなテクニックがありますけれども、大義がなければ何も始まらないんですよね。

伊藤　政治家に大義を持ってもらうことの重要性というのは、私も感じていました。政治家が「こんなことを実現します」と表明していたら、その言葉に合わせて、「あなたの政治理念やマニフェストとつながる、病児保育というテーマがあります、応援お願いします」というようなことの運び方をする。それは大義名分にあたりますね。

駒崎　はい。

伊藤　そうやって政治家の意欲に結びつけるということは非常によくわかりますし、非常にいい方法だと思います。もう一つ、官僚とはどうやってつながっていますか？　政策をつくるというのは、官僚と我々当事者の共同作業だと思っていますので、できるだけいい関係を作りたいと考えています。

駒崎　手を動かすのは官僚なので、とても重要なファクターですよね。次の法改正でこれを入れましょうかとか、概算要求の中にこの事業を入れましょうかっていうところは、彼ら実務家が動かないと具現化しないというところがあります。そのとき、実務家がその話をまったくわかっていないと、機能しない事業ができてしまうので、細かい部分をしっかりと押さえた事業を作ってもらうためにアプローチします。政治家にはばっくりした説明で共感してもらいますけど、官僚に対しては詳細にわたるまでしっかりとインプットするのが大事になります。

官僚につながるにはいくつか方法があって、一つは政治家に紹介してもらうこと。政治家と話して、「じゃあ厚労省保育課長を紹介するよ」みたいな感じで紹介してもらうパターンです。僕は審議会や有識者会議の委員を務めることがあるんですが、そういった会の事務局は官僚がやっていますから、そこで知り合いになるパターンもあります。知り合った官僚にさらに紹介してもらうこともあります。信頼を担保してくれるので、紹介でつながるほうがいいわけです。どうしてもつてがなければ、もう真正面から「私こういう者です、アポイントをとれませんか」ということでアポをとってもいいと思います。

伊藤　私の場合は、政治家に紹介していただくパターンがほとんどです。当事者と官僚は、お互いに知らない面が多いと思います。我々は官僚の皆さんの具体的な動きは知りませんし、法律関係の仕組みのことも不得手です。逆に官僚の方々は、当事者の気持ちや、どういった解決方法を望んでいるのかということを理解されていません。お互いに理解しながら、建設的に進めていくためには、情報交換や意見交換を繰り返し行なってすり合わせていく必要があります。

駒崎　官僚もやらされ仕事は嫌なので、自分がやりたいからやるんだと思ってもらえるように、官僚のエモーションもきちんとケアしなきゃいけないところがありますね。官僚も、「政治家から言われたからやる」だと嫌なんです。

†エビデンスか、エモーションか

伊藤　最近私がとても気になっているのが、ＥＢＰＭ（evidence based policy making）、エビデンスをもとにした政策形成です。官僚の中には、政策立案にはデータが必要だという方が増えているように思います。マイノリティの立場で言いますと、なかなかデータを集めるのが大変なんですね。全国レベルの団体であっても、聴覚障害者が必ずしも会員になっているわけではないんです。そういうわけで、聴覚障害者全体から統計的に意味のあるデータを集めるには、会員以外からもデータを集める必要があり、大変難しいことです。これは、マイノリティみんなに共通する悩みだと思います。

駒崎　そうですね。現実的にはエビデンスといっても、そんなにたくさんのサンプル数を取らなきゃいけないという感じではないんです。官僚の必要としているエビデンスのレベルって、「三〇〇人にアンケートをとりました」くらいでもいいんですよ。何もない個人的な感想だけだと、「いや、それだとなかなか財務省を説得できないよ」ってなってしまうんですけど、「我々の団体の専門家が三〇〇人にアンケートをとってみたところ、八割の人がこれが必要だと言ってます」とあるだけで、「ふむふむ、そうなんだ」となります。

なので、ＥＢＰＭといっても、そんなに立派なエビデンスは必要ないのでご安心ください。

それよりも、emotion based policy making。エビデンスよりエモーション、感情です。政治家に対してはやっぱり当事者性が重要だし、感情的に、やる気になってもらうほうが全然大事です。感情でやる気になってもらって、後付けでエビデンスを固めるというほうが重要ですし、人ってそういうものかな、というところがありますよね。どれだけ世の中が進んでも、きっと人の感情は無視できないと思います。

伊藤　エモーションで動かされる方が多いという感じですかね。思い出してみると、電話リレーサービスの実現のために署名を集めたときに、一万人を目標に活動を始めたのですが、なかなかそこまで達しなかったんです。私たちの団体も全国的に有名というわけではないので、署名集めにも苦労しました。ですが、先ほどお話ししました通り、海難事故の当事者とともに総務省に行って署名を提出しましたので、総務省の皆さんにその思いが伝わったのではないかと思っています。そのときは、エモーションに訴えることができたんですね。

駒崎　そうですね、署名キャンペーンとかは、数より盛り上がり感が大事ですね。一万筆に満たなかったとしても、メディアに多数取り上げられたら、それで要望を聞いてもらえたりするので。日本は民主主義国家なんですけれども、必ずしも数だけじゃないこともけっこうあって、そこは面白いところかなと思います。

伊藤　数が少ないから無理だというメンバーもいましたが、やはり気持ちが大事だなと思っています。

†一枚岩になれたらいいが……

伊藤　私たちの場合、ＩＧＢ以外にも聴覚障害者の団体はいくつかあります。フローレンスについても、医療的ケアが必要な子どもの問題に取り組む、似たような団体がいくつかあるかと思いますが、そのあたりの棲み分けや調整というのはどうされていますか？　政治家や官僚と話すときに、民間団体同士の意見が一致しない場合もありますね。

駒崎　すごくわかります。特に障害者関連の団体はたくさんあるので、意見の相違が生じやすいことがあるのではないかと思います。イデオロギーや、微細な主張の違いによって仲違いしてしまう。これは政治家からすると「意見を一つにまとめてくれないかな……」と思うところで、そうでないと、せっかくいいことをしていても、他の団体からなんやかんや言われるから、いやになっちゃうんですね。似たような団体の間で話をつけて、共通して提案できる政策を持っていくというのは、政治家にとっても取り上げやすいと思います。内輪揉めで労力を使っても目的の達成にはあまり関係ないので、なるべくスコープを広く、まわりの団体とも揉めずにやれるようになればいいな……っていうとこですけど（笑）。

伊藤　（笑）。

駒崎　往々にして何か揉めるので、もうその時は勝手に自分たちで行くっていうふうになりますね。

伊藤　やはりこちらにも似たような面があります。イデオロギーの違いなどで微妙にずれが生じておりまして。我々の場合は他団体とのコミュニケーションを絶やさないようにしています。連携とまではいかないけれども、こちらの考えや動き方は知ってもらうという感じでしょうか。「我々はこういう活動をします」と前もって宣言してから、我々のやりたいことを行なうようにしています。我々の団体の歴史は浅いので、より歴史の長い団体をリスペクトしつつ進める、というスタンスでいます。

駒崎　とてもよくわかります。

伊藤　ただ、ある団体が「そこまで踏み込む必要はないんじゃない」という考え方を持っていたとしても、これは必要だと思っている人が多数いるという場合には、別の団体において、その声に寄り添って要望を出すということも大事になるかなと思います。

†小さく始めて、広くパクらせる

伊藤　『政策起業家』の中で、病児保育の実現の背景について、「中央政府にパクらせた」と書かれていました。自分で変えたのではなくて、政府がやったという状況になっていますね。駒崎さんとしてはこれをどう捉えていらっしゃるんでしょうか。政府の顔を立てているという感覚ですか？

駒崎　僕たちは社会を変える手段の一つとして意図的にパクらせているので、「パクっていただけるために頑張る」というふうに思っています。自分たちの事業によって「小さな解」を生み出し、それを国や自治体がパクって政策化すれば、世の中に広げていくことができる。結果として多くの人を助けることになるのであれば、手段としてパクらせるのも全然ありです。

伊藤　いま、難聴児の早期教育で、手話言語の獲得を支援するという地域がいくつも出てきています。ですが、全国的にはまだそれが普及していないんです。そういった取り組みを政府にパクっていただきたいというふうに思っているんですが……。パクってもらうためのコツがあれば、教えていただきたいです。

駒崎　ちなみに、その手話教育は伊藤さんの団体か、あるいは関連団体が、どこかの現場ですでに行なっている取り組みでしょうか？

伊藤　いえ、別の団体です。全国各地において、民間団体が子どもを集めて手話を教えている現場があります。

駒崎　そうすると、伊藤さんたちが、たとえば手話教育ネットワークのような団体をつくって、それらの団体に加盟してもらえるといいかもしれませんね。主語を「我々」にして、「我々のやっていることを全国化してください」と訴えていく。要は、自分たちがやっているんだという形にしないと、「なんであなた方が提案しているんですか？」っていうふうになってしまうので。

僕らがモデル事業を自分たちでやるのは、そういう理由なんです。僕らがやってみて、「成功事例になりましたよ、どうですか」ってパッケージ化する。そうすると、「わかりました、あなた方の事例なんですね。じゃあ視察に行ってみようかな」となる。視察で有効性を理解してもらったら、「これを国の事業にしてみるから、ちょっと手挙げてもらえますか」と広がっていく。こうやって、モデル事業で成果を出して、これを全体に広げるというイメージです。

伊藤　主語が、やはり強みになるんですね。

駒崎　民間団体としては、「僕らの事例です」というふうに、主語をこちらに引きつけたほうが説得力が出ますね。

伊藤　どういうプロセスでモデル事業を作られてきたのかも、お伺いしたいです。

駒崎　困っている方の課題をどうやったら解決できるか考え、仮説を立てて、とりあえずやってみる。うまくいかなかったら軌道修正して、なんとなくいい感じのものができたらそれを政府に提案して「こういうのを政策にしたらどう」って言って、政策にしてもらう。ざっくり言うとそんな感じです。

伊藤　実際にやってみて、成功例を出していくという感じですね。

駒崎　そうです、小さくやるっていうのが大事。僕らが始めた「こども宅食」という事業があるんですが、これは近郊の子どもたちのところに食品を定期的にお届けして、そのご家庭の状況を見守るというものです。これは文京区長さんに提案して、最初は文京区だけで小さくやりました。梱包は、最初は自分たちでやっていたけど「ベルトコンベアを使うといいよね」とか言って、徐々に上手くなっていく。そのうち発信もするようになると、「うちもやりたい」と他の自治体からも手が挙がるようになりました。そうなると、各地にモデル事例が増えていきます。我々が文京区でやったときは、ココネットさんに運んでもらって、ココネットの方が見守っていたんですが、宮崎県三股町では、ちっちゃな町なので、ボランティアの方が持っていって、三股町で採れた野菜とかも入れる形になった。それがある程度うまく行ったということで政府に提案して、「じゃあ、こども宅食に予算をつけましょう」と進んでいきました。まずは小さく、自分たちの手で、半径五メートルでやってみるというのが大事かなと思います。

†マーケティングで世論をつくる

伊藤 本書は、社会を変えるためにマーケティングを活用することがテーマなのですが、駒崎さんは、活動のなかでマーケティングを意識していますか？

駒崎 はい、社会課題をマーケティングするということを意識していて、僕らはこれを「イシューレイジング（issue raising）」と呼んでいます。NPOでは、寄付集めを「ファンドレイジング（fund raising）」といいます。そのイシュー版です。これは何かというと、その社会課題を認知してもらうということです。

たとえば、僕らは「医療的ケア児」という存在とその課題をイシューレイジングしました。どういうことかというと、「医療的ケア児」という言葉って、実は僕らが作ったんです。元々は「医療的ケアのある子」とか「高度医療依存児」とか「歩く重症心身障害児」とか、表現の揺らぎがありました。それだと世の中に認知してもらいづらい。なので「医療的ケア児」という語に統一して、「医療的ケア児の問題はこうなんです」と、わかりやすく短いストーリーで語れるようにして、それを積極的に発信しました。当事者にもメディアに出てもらって、「医療的ケアがあるから保育園や幼稚園にいけません」「でも親は働いています。小学校にも親が付き添わなければいけません」「こんな状況になっている子たちがいるのをご存知ですか？」と繰り返し伝えます。それはひどい、何とかしてあげなきゃ、ということで、法制化の必要性が認められました。それまでも、医療的ケア児はいたのですが、世の中的には見えていない存在でした。それを可視化して、世の中に知ってもらうと世の中が動く。これはまさにマーケティングじゃないかと思います。社会課題を世の中に知ってもらうために、さまざまな手段をとっていくわけですから。なので、我々は社会課題のマーケティングをしているんじゃないかなと思います。

伊藤　そうですね。ＩＧＢは、マーケティングの考え方を取り入れて、「アドボカシー（困りごとの広報活動）、エンゲージメント（世論形成）、リコメンデーション（要望活動）」という三つのアクションを設定しています。今の駒崎さんのお話は、我々の活動でいえばエンゲージメントにあたると思いました。

世論形成をする上で、短くて覚えやすい言葉を使うということは、社会の皆さんに覚えていただきやすく、効果的な方法ですよね。我々はよく、ろう者を指して「言語的マイノリティ」という言葉を使っています。

駒崎　はい。

伊藤　この言葉ですべての問題を含められるわけではないのですが、短くてインパクトのある言葉を使うことによって、社会に波及する効果がある。そういう雰囲気は実際に感じます。

駒崎　世論を動かす上で、新しい言葉を作るのは効果的な場合も多いです。最近では、ヤングケアラーという言葉が生み出されたことによって、「あ、子どもでケアの役割を負わなければいけない人がいるんだ」というのが一気に可視化されましたよね。古くは、僕らが作った「イクメン」という言葉なんかもそうです。「父親」には「家事育児をする」というタグはついていないので、イクメンという言葉をわざわざつくりました。そんなような形で、その課題、社会課題を表す造語をするというのは、社会課題のマーケティングとしてはよくやる方法ですね。

伊藤　その言葉を作ることによって、メディアが取り上げやすくなるというメリットがありますよね。駒崎さんは言葉を流行らせることに長けている印象がありますが、なにかコツはありますか？

駒崎　そうですね……。やっぱり、何が課題なのかが、その言葉の中に含まれるといいですね。最近我々が作って広がった言葉で「無園児《むえんじ》」というものがあります。行政用語だと「未就園児」となります。これは価値中立的な言葉です。まだ就園してないという意味を伝えるには、正しいです。だけど「無園児」ならば、「保育園から排除されている。本来行けるべき保育園に行けていない」という意味を伝えることができます。ムエンって、「縁《えにし》が無い」っていうふうにも聞こえるじゃないですか。複数の意味がある。そうなると、人の気持ちを動かしやすい。そういう言葉の作り方が大事ですね。これはまさにマーケティング的で、コピーライティングに似ていると思っています。

†NPO活動はマーケティングそのもの

駒崎　伊藤さんは、マーケティングのお仕事をされているそうですが、どんなお仕事をされてきたんですか?

伊藤　私が担当しているのは、デジタルマーケティングです。簡単にいうとWebサイトやメールなどのデジタル手段を使って、マーケティングを行なうことです。具体的には、ウェビナー（ウェブ会議）を開催したり、メールマガジンを配信したりすることで、お客様に製品の情報を提供して、それに対するお客様の反応を分析する。そして、お客様が興味を持っている分野は何かということを、製品担当に伝える。そのお客様がもっと深い対話がしたいということであれば、テレアポをとってお客様と製品担当者を繋ぐという仕事を担当しています。

駒崎　なるほど。そういったことが「マイノリティ・マーケティング」という言葉に繋がっていくんですね。そういったアプローチは、たしかに「声を届けていく」ということにすごく貢献するんじゃないかと思います。

伊藤　そうですね。手話を始めた学生の頃から、きこえない人と、また他の障害を持っている人とともに、障害者でも暮らしやすい、働きやすい社会をつくりたいと考えていました。そのなかでいつも考えていたのが、マイノリティの声が、なかなか社会に反映されないということです。なにか効果的な方法はないかと模索していたときに、マーケティングという仕事をNPOの政策形成に繋げることができるのではないかと考えました。

駒崎さんの活動において、マーケティングはどのくらい重要でしょうか。

駒崎　これは、マーケティングの定義によりますね。マーケターの人の数ほどマーケティングの定義があるので……。

伊藤　そうですよね（笑）。

駒崎　なので、僕なりの考えになってしまいますけれども、言葉を作り、世の中に広めて、人々を巻き込んで、そしてムーブメントを作って、法律や制度を変えるという一連の流れは、僕にとってはマーケティングなんです。そういう意味では、マーケティングは僕らの仕事そのものじゃないかなと思います。

伊藤　駒崎さんが仰っていることは、IGBの三つのアクションにぴったり当てはまっているように思います。「言葉を作って世の中に広める」はアドボカシー（困りごとの広報）、「人々を巻き込み、ムーブメントをつくる」はエンゲージメント（世論形成）、法律や制度を変えるというのはリコメンデーション（要望活動）ですね。

私も、NPO法人が使いやすいマーケティングの定義を考えてみたことがあります。それは、「マーケティングとは、社会の問題を解決するというニーズを満たすために、いろいろなソリューションを提供するための方法である」というものです。一般的には、会社で自分が作った製品やサービスを売るときに、お客様の抱えている悩みを解決するためのものを提供します。それと同じように、社会にある問題を解決するためのソリューションを提供するものだという考え方をしています。

駒崎　そう考えると、まさに我々の仕事はマーケティングそのものかもしれません。

†活動を広げ、社会を変えていくために

伊藤　ＩＧＢは一〇人ほどの小さな団体からスタートしたのですが、今、会員が一〇〇人近くにまで増えています。最初はそれぞれにきちんと意見を共有して、同意をしながら進めていったのですが、会員が増えてくると、やはり考え方のずれも起きてきます。役員の中で話し合って意見を統一してはいるんですが、一般会員までその考え方がきちんと浸透せず、疑問や意見が出されてきます。意見の統一という面が大変で、今の悩みの種です。

経営者の声と現場の声がずれているとき、どのように対応していますか？

駒崎　わかります。フローレンスも現在約七五〇人のスタッフがいまして、昔は四人で始めたので、なんか、「昔はよかったなー」って思うこともあるんですよね。

まず、経営者も現場のスタッフも役割に過ぎないので、役割が違えば見ているものが違う。見ている物が違えば意見は違ってくる。これはもう当たり前かなと思うんです。問題は意見が違うことではなく、お互いがお互いを理解できずに反目し合うこと。なので、意見の違いはＯＫで、意見が違うということが可視化されて、どうしてその意見にたどりつくのかということが共有されれば、「意見は違うけど言ってることはわかる」となる。なので、対話や情報の開示によって解決すればいいと思っています。

具体的には、僕たちフローレンスの場合は、経営会議を録画して社内で共有しているんです。議事録も、現場の人も見られるようにしています。そうすることによって、どういう文脈でその意思決定がなされたのかがわかるわけです。それがわからないと、「なんで？」「現場をわかってくれてない」となってしまいますが、見えていれば、「なるほどこういう観点で決めたのか。意見は違うけれど、そうなるのもそうかな」と思える。情報開示が大事です。

伊藤　隠しごとがないということですね。
駒崎　はい。もちろん人事やプライバシーに関することは限定していますが、それ以外についてはオープンにしています。
伊藤　なるほど。

図17　駒崎氏がフローレンス内で共有している「動画週報」
フローレンス提供

駒崎　あとは、僕自身の動画週報というのを出しています。「今、会社ではこういうことが起きています。僕としての課題はこんな感じです」って喋るのを動画に撮って、これも社内で共有しています。現場で保育をやっている人には、文章より動画で流しておけるほうがいいので。（図17）
伊藤　何分ぐらいの動画ですか？
駒崎　すぐに見られるように、一〇分ぐらいですかね。（動画を再生しながら）字幕もあります。ここで、会社の今重要だと思われることをお話ししています。
伊藤　ああ、こういう動画を作っているんですね。週に一回つくるのも結構大変そうですね。でもリアリティが良く伝わりますね。

駒崎　こんな感じで、僕らも苦労しながら、今何を考えているかをみんなに常に伝えて、情報の隔たりが、それこそインフォメーションギャップがないようにしています。

伊藤　経営者のリアリティを伝えることが大事なのですね。

最後の質問です。駒崎さんのこれからの目標を聞かせていただけますか？

駒崎　そうですね。今を生きるすべての親子と、まだ見ぬ子どもたちが、希望と手を繋いで歩める社会をつくりたい。そう思っています。今、このまま放っておくと、少子高齢化が進んで、あるいは気候危機が起きて、僕たちの子どもの世代・孫の世代が幸せに生きられるとは限りません。むしろ冷静に考えれば考えるほど、我々の世代よりも貧しく、不幸になる可能性が高いと思うんです。それを座して見ていてはいけない。我々の責務は、我々の時代よりも良い時代にして次の世代に手渡すことだと思います。

じゃあ「良い」ってなにかというと、これから経済が悪くなることもあるでしょう。社会課題というのはゼロにはなりません。でも、小さな希望を持って生きられる、自分なりの希望と共に生きられる、そんな社会を作れたらいいなって思います。ちょっとずつ、歩みが遅かったとしても、でも傍には必ず希望があって、ギュッと手を繋いでくれている、

そんな社会を作れたらいいなと思います。

伊藤　ありがとうございます。私も、次の世代に子どもたちがコミュニケーションに困ることがなく、情報バリアを感じることなく、生き生きと元気に幸せに暮らせている社会を作りたいと思っています。そのために、マイノリティでも政策に声を反映させることができるということ、そしてもっと良い日本にできるということを、共有できたらいいなと思います。

駒崎　ぜひ、そんな社会を一緒に作りましょう。

伊藤　よろしくお願いいたします。

第七章

マイノリティが生きやすい社会にするためには

The saving of our world from pending doom will come, not through the complacent adjustment of the conforming majority, but through the creative maladjustment of a nonconforming minority.

…………Martin Luther King Jr.

差し迫った破滅から私たちを救うのは、多数派の自己満足的な調整ではなく、少数派の創造的な不適応だ。

…………マーティン・ルーサー・キング Jr.

1　抑圧をもたらす側への働きかけ

†次から次へと生じる社会問題に対して

ここまで、社会問題を解決するための方法として、マイノリティ・マーケティングという方法を紹介してきた。しかし、ある社会問題が解決しても、違う分野で類似の問題が後から出てくることはよくある話だ。社会システムの変化、人口構成の変化、国同士の関係の変化などが起こると、それに応じて不平等、格差、抑圧などの社会問題が新たに生じてくる。我々は、こういった社会風土の変化に応じて出現する時々の社会問題に対して常に関心を持ち、意識を高めていく必要があるが、これらの根本に存在するバリア（障壁）を解消することも必要だ。マイノリティが、社会の中で感じているバリアは、主に次の四つがある。

①物理的な面でのバリア

移動したり、何かをしようとしたりする時に、次のように物が離れていたり、妨げていたりすることで、物理的な障壁があること

・建物の入り口の段差
・ホームと電車の隙間
・届かない位置にあるボタン
・道をふさぐ自転車
・狭い通路

②制度面のバリア

前例・慣習・内規などのルールを理由に、次のようなことを拒否すること

・宿泊・交通・飲食・娯楽などのサービスの利用
・入学試験や資格試験の受験
・申し込みやキャンセルなどの手続き

③文化や情報面のバリア

情報アクセシビリティの配慮や多文化の尊重が不十分なため、マイノリティが次のような場面で情報入手ができないこと

・字幕や音声ガイドがないテレビ番組や映画
・手話通訳や字幕がない講演会・セミナー
・日本語音声だけの公共アナウンスや緊急・防災アナウンス

④意識の面のバリア

自分とは異なる条件を持つ人々（主にマイノリティ）を差別や偏見、無関心などによって、受け入れなかったり、行動を妨げたりすること

マイノリティ・マーケティングという手法は、①②③のバリアを取り扱うことができる。IGBでは、このうち②③に関わってきた。しかし、④については、環境や制度を整えるだけでは解決しないことが多い。もちろん、環境や制度の整備も重要ではあるが、それと同時に、社会全体で、困っている人の気持ちを理解し、正しい形で必要な手助けをしよう

とする意識が必要だ。

こういった社会問題に対する社会全体の意識を高めていくための一つのアプローチとして、人間の権利を守り不平等をなくす「社会的公正教育」のなかで出てきた、抑圧を生み出すとされている「特権集団」への教育がある。

†特権集団の自覚の薄さ

特権とは、ある個人、集団または階級によって享受される特別の権力、免除、または利益のことで、その内容は各国、各集団の歴史的背景により多様である。また、あるマジョリティ側の社会集団に属していることで労なくして得る優位性であり、たまたまマジョリティ側の社会集団に生まれ属することで、努力の成果ではなく自動的に受けられる恩恵でもある。

たとえば、家庭所得と学習時間と学力の相関を調べた結果、家庭所得のほうが相関が高いことが明らかになっている。つまり、本人の努力ではなく、家庭所得が高い家庭に生まれた人のほうが、学力が高いということである。もちろん、本人の努力や能力も必要だが、生まれ育った環境は本人の努力の成果ではない。たまたまそのような家庭に生まれたことで得られる社会階級が「特権」なのだ。

エスカレーターと階段の比較の例えを考えれば分かりやすい。エスカレーターは苦労せず上へ登ることができるが、階段は苦労して登る必要がある。マジョリティは、エスカレーターをいつも利用して登っており、階段の存在に気付きにくい。そのため、マジョリティ側は自分に特権があるとは思っておらず、こうした状況が「当たり前」「ふつう」だと思って生きているのである。

こういった、特権の自覚・気付きがとても重要である。なぜならば、私たちはマジョリティ性とマイノリティ性の両方を持ち合わせて生きているが、マジョリティ性を多く持った人ほど特権について無自覚でありがちであり、マジョリティ性を多くもった人たちが、自ら優遇されていることに気付かず、マイノリティ性のある人を抑圧している場合が多い。ここでいう「マジョリティ性」は数ではなく、より権力があるほうである。

†マジョリティ性に気付くためには

出口真紀子さん（上智大学外国語学部英語学科教授）は、マジョリティ性とマイノリティ性の多さを調べるためのチェックリストを提言している（図18）。このチェックリストを

アイデンティティ	マジョリティ	マイノリティ
人種・民族	日本人	外国人、在日コリアン、アイヌなど
使用言語	日本語	日本手話、アイヌ語など
居住地域	大都市圏在住	地方在住
出生時に割り当てられた性別	男性	女性
性的指向	ヘテロセクシュアル	レズビアン、ゲイ、バイセクシャル、アセクシュアルなど
性自認	シスジェンダー	トランスジェンダー、エックスジェンダーなど
学歴	高学歴	低学歴
社会的階級	高所得	低所得
身体・精神	健常者	障害者

図18　マジョリティ性に気づくためのチェックリスト
NHK 福祉情報サイトハートネット「あなたは優位な立場かもしれない　気づきにくい“特権”とは」を一部改変
https://www.nhk.or.jp/heart-net/article/674/

活用することは、自分自身のマジョリティ性・マイノリティ性に気付くきっかけとなるだろう。

社会的公正教育が盛んに行なわれているアメリカでは、「紙ボール投げアクティビティ」を題材としてよく取り上げている。最初に進行役が、一人一枚ずつ紙を配る。参加者はそこに名前を書き、ボール状に丸めて一斉にゴミ箱を目がけて投げる。そして、進行役がゴミ箱から紙を取り出し、そこに書かれた人の名前を読み上げ、その人に手をあげてもらう。大抵、前列に近いほど入る確率が高くなる。

このアクティビティを社会に当てはめてみると、前方の席が特権層の人たちで占められていることになる。それぞれの人の「投げる」行為は努力を意味している。一番前の人も努力をしていないわけではないが、後ろの席の人に比べて少ない努力で目標達成できる。そして、一番前に座っている人たちは自分の特権には気づかない。見えているのは自分とゴミ箱の間の距離だけであることが、問題を厄介にしている。

また、NHK・Eテレの「バリバラ」という番組のチーフプロデューサーを務める森下光泰さんは、「気にせずとも生きられる」はマジョリティの特権であるとして、当事者の声に繰り返し耳を傾けることの重要性を、次のように述べている。

　人はある日突然歩けなくなったり、ある感覚を失ったり、知らない言語の社会に放り込まれたりした時、初めてバリアーの存在に気づけるのかもしれません。でも普段から「見えないバリアー」に気づくためには、当事者の声にしっかりと耳を傾けることしかない。

　一度気づいても、また忘れてしまう。だからせめて、そこに誰かにとってのバリアーがあるかもしれないと、可能な限り意識していくことが大切なのだと思います。

（毎日新聞「「感動ポルノ」が独り歩き？　「バリバラ」プロデューサーに聞く」より）

2　抑圧が起こる原因

†無意識の思い込み「アンコンシャス・バイアス」

自分がマジョリティ性のある特権層に属していると分かった後は、どうすればマイノリティを抑圧せずにすむだろうか。あからさまな差別行為については、しないように意識的に努力することは、ある程度可能だろう。しかし、無意識のうちに差別をしてしまうということがある。こういった、無意識のうちに差別をしてしまうことの根底には、「アンコンシャス・バイアス」と呼ばれる、自分自身は気づいていない「ものの見方やとらえ方の歪みや偏り」がある。これは、どんな人にも必ず存在し、自分自身の過去の経験や知識、価値観、信念をベースに、認知や判断を無意識のうちに自動的に行なう結果として起こる。

アンコンシャス・バイアスは、「たいしたことない」「よくあること」と見過ごされがちだ。しかし、そのまま放置すると、マイノリティに対する抑圧の増加など様々な弊害を生む。そのため、内閣府は、「令和三年度　性別による無意識の思い込み（アンコンシャス・バイアス）に関する調査」を実施したり、企業においてアンコンシャス・バイアス研修を導入したりなど、社会全体でアンコンシャス・バイアスを排除していこうとしている。

ちなみに、この内閣府調査によれば、「男性は仕事をして家庭を支えるべきだ」「女性は感情的になりやすい」「女性は論理的に考えられない」などの性別による無意識の思い込み（アンコンシャス・バイアス）があることが明らかになっている。

そして、アンコンシャス・バイアスは、いろんなタイプに分類され、代表的なものに以下のような五つのタイプがある。

①正常化バイアス

事態が悪くなっても「大したことない」「なんとかなる」と楽観的に考え、適切なタイミングで正しい判断を行なうことができなくなること。

②確証バイアス

自分にとって都合のいい情報だけを集めてしまい、客観的な視点を欠いていくこと。

③ステレオバイアス

「男性は理性的だ」「女性は感情的だ」など、特定の属性に対する偏ったイメージ（ステレオタイプ）にもとづいた決めつけを行なうこと。

④権威バイアス

権威バイアスとは、専門家や政治家など、権威がある者の意見は常に正しいと思い込むこと。

⑤集団同調性バイアス

所属する集団の中に存在する価値観や行動に、個人としても影響されてしまうこと。

†思い込みがあることを認識

アンコンシャス・バイアスは誰にでもあるもので、なくすことはとても難しい。しかし、次のように、アンコンシャス・バイアスの存在を認識・意識した上で物事を識別したり、判断したりすることで、バイアスの影響を少なくすることは可能だ。

・属性にとらわれず、客観的な立場からの視点を意識する信頼のおける特定の属性に属していたとしても、その判断が常に正しいとは限らない。属性はあくまでも一つの局面に過ぎず、絶対的に確実性を保証するものではないことに注意が必要だ。

・少数意見や反対意見にも必ず耳を傾け、自分の判断がバランスが取れているか確認する「自分の考えは偏っているのではないか」という視点を持ち、「誰かを傷つけてしまう可能性がないか」と、相手の立場に立った検証をすることが必要だ。

・多様な考えを認め、常に複数の視点から物事を見る
ある人の「あたりまえ」は、他の人の「あたりまえ」ではないことはよくあることだ。円滑なコミュニケーションに必要なのは、「世の中には多様な考えがある」という考えだ。

3　抑圧を引き起こす言動

†悪気ない言動が相手を傷付けている

マイクロアグレッションという用語は、一九七〇年代に精神科医のピアースによって作られた。ピアースは、黒人と白人のコミュニケーションの多くに、白人が無自覚に行なう「けなし」があることに注目し、これをマイクロアグレッションと名付けた。また、二〇〇〇年代に人種やジェンダー、障害をかかえる等が原因で、人が無意識に軽視されたり侮辱されたりすることで受ける悪影響の研究が行なわれた際に、コロンビア大学心理学教授のスーによって再定義され、白人と黒人だけでなくその範囲は拡大した。このマイクロアグレッションの定義は色々あるが、ここでは「人種や性別、障害者などのマイノリティ（少数派）に対して、日常的に無意識の偏見や差別によって、悪意なく傷つけること」と定義する。

図19「マイクロアグレッション解説 ～マイクロアグレッションと虫刺され～」サムネイル画像
https://www.youtube.com/watch?v = dXvkuU2h2IA

マイクロアグレッションはアンコンシャス・バイアスと似ているが、違いはこうだ。アンコンシャス・バイアスは、物の見方の偏りを指すのに対し、マイクロアグレッションはその偏見に基づいた言動(無意識の差別的・否定的な言動)のことだ。マイクロアグレッションは、加害者側が無意識なだけに表沙汰になりにくく、受ける側は声を上げられず耐えるだけということが起こりがちだ。被害者側が、「私はマイノリティだから、声をあげても無駄だから我慢しよう」とか「抗議するほどでもないから放っておこう」などと一方的な我慢をした結果、強い抑圧となり、うつ病などの心身の不調につながるケースもある。

マイクロアグレッションを蚊にさされることにたとえた分かりやすい動画があるので、紹介する(図19)。この動画では、マイクロアグレッションを、アメリカでよくあるやりとりのなかで、言われたほうの心の中を「チクチク」と蚊に刺される様子にたとえている。

マイクロアグレッションがどんなダメージを与えるのか、見えにくい被害の実情を、イメージしやすく表現している。

†マイクロアグレッションの種類

マイクロアグレッションには、マイクロアサルト（assault 攻撃）、マイクロインサルト（insult 侮辱）、マイクロインバリデーション（invalidation 無価値化）の三種類がある。

①マイクロアサルト

明示的な軽蔑を含み、特定個人に狙いを定めて暴力的な言動を行なったり、攻撃的な環境をつくったりする。

②マイクロインサルト

無礼で気配りや配慮のないコミュニケーションを行なう。

③マイクロインバリデーション

心理状態や考え方、感情、経験を排除、否定、無化する。

①マイクロアサルトはたいてい意識的に行われるが、②マイクロインサルト、③マイクロインバリデーションは、たいてい無意識である。どれも受け手にとって抑圧になるものだが、特にダメージが大きい可能性があるのはマイクロインバリデーションだ。なかでも、日本では特に「相手の差別体験のリアリティを否定する」ということがよく発生する。

たとえば、マイクロアグレッションを受けたという訴えに対して、「気にし過ぎでは?」「考えすぎでは?」「差別なの?」などのような反応がある。「日本社会には差別はない」という考え方は根強く、差別が表面化しそうになると否定しがちだ。「臭いものに蓋」といった行動を取りがちなのが、日本のマイクロアグレッションの特徴だ。

†マイクロアグレッションの例

ろう者としての私自身や友人・知人に言われた言葉で、マイクロアグレッションと考えられるものには、次のようなものがある。これらはいずれも②マイクロインサルトに該当するものである。

【聴覚障害に関すること】

・家族はきこえるの？　↓家族のことは関係ないのでは……。

・どのぐらいきこえるの？　↓きこえるかどうかは関係ないのでは……。

・（口を隠して）何言っているか分かる？　↓なんで試すんだろう……。

・きこえない／きこえにくいと大変だね　↓勝手に大変と言われても……。

【手話に関すること】

・ろう者なのに手話が下手だね　↓人それぞれでしょ……。

・（手話ができなくて）ごめんね　↓いや、手話ができなくても他に方法があるのでは……。

【音声に関すること】

・ろう者なのにしゃべれるんだ　↓ろう者だからしゃべれないとは限らないでしょ……。

・（大きな）声出して　↓声を出すことは抵抗がある……。

・発音が綺麗だね／綺麗じゃないね　↓発音ができることかどうかは関係ないのでは……。

・普通に喋れるから手話要らないね　→喋れるからといって手話は要らなくないよ……。

言い方を変えると、他のマイノリティにもそのまま当てはまるようなものばかりだ。似たようなことを他者に言っていないか、是非とも自己点検してみてはいかがだろうか。

†憎悪のピラミッド

アンコンシャス・バイアスやマイクロアグレッションはたいした問題じゃないという方は、「憎悪のピラミッド」というものを知ってほしい（図20）。

「憎悪のピラミッド」とは、先入観や偏見、差別行為がどのようにしてジェノサイドに行きつくのかを示したものだ。ジェノサイドとは、特定のグループ全体、もしくはその一部を破壊する目的で行なわれる集団殺害、およびそれに準ずる行為である。この図において、アンコンシャス・バイアスが焦点を当てる日常的な差別・抑圧が「偏見による行為」に該当するとすれば、マイクロアグレッションが焦点を当てる日常的な差別・抑圧は、最下段の「先入観による行為」に該当する。この下段にある行為を許していると、そのうちジェノサイドにつながるというのがピラミッドの考え方である。

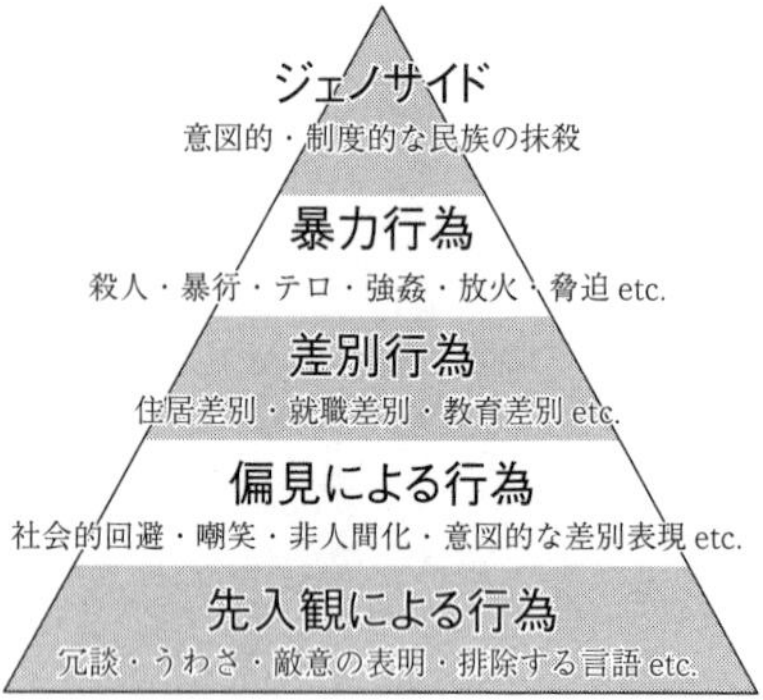

図20　憎悪のピラミッド
Anti-Defamation League

こういった、日常的な差別・抑圧は、特権集団（マジョリティ）から非特権集団（マイノリティ）に対して行なわれる。このような構造を意識しつつ、抑圧を生み出さないように、一人ひとりが配慮をすることで、マイノリティが生きやすい社会の実現に近づくのではないか。

第二章「エンゲージメントはなぜ必要か」でも述べた通り、エンゲージメント（世論形成）を得る上で障壁となっているのが「無関心」「無理解」「思い込み」であり、IGBとしても差別・抑圧を引き起こす構造は変えていく必要があると考えている。エンゲージメントを得る活動のなかで、こういった「アンコンシャス・バイアス」や「マイクロアグレッション」のことも合わせて伝えるようにし、社会全体の意識を変えていきたい。

参考文献

岩渕功一『多様性との対話――ダイバーシティ推進が見えなくするもの』青弓社、二〇二一年
出口真紀子「マジョリティの特権を可視化する～差別を自分ごととしてとらえるために～」東京人権啓発企業連絡会ホームページ
https://www.jinken-net.com/close-up/20200701_1908.html
森下光泰インタビュー「「感動ポルノ」が独り歩き？「バリバラ」プロデューサーに聞く」毎日新聞、二〇二一年一〇月一〇日
内閣府「令和3年度　性別による無意識の思い込み（アンコンシャス・バイアス）に関する調査研究」
守屋智敬『「アンコンシャス・バイアス」マネジメント』かんき出版、二〇一九年
金友子「マイクロアグレッション概念の射程」、堀江有里他編『〈抵抗〉としてのフェミニズム』立命館大学生存学研究センター、二〇一六年
デラルド・ウィン・スー『日常生活に埋め込まれたマイクロアグレッション――人種、ジェンダー、性的指向：マイノリティに向けられる無意識の差別』明石書店、二〇二〇年
渡邊雅之『マイクロアグレッションを吹っ飛ばせ』高文研、二〇二一年

†覚悟を決めること

一九九五年一月一七日（火）五時四六分に、マグニチュード七・三の大規模な地震、阪神・淡路大震災が発生した。当時私は関東にいて、ちょっとした揺れを感じた程度であった。だが、朝のニュースを見ると、阪神地方で大震災が発生したとのテロップが流れて、大変驚いた。その後、ニュースの映像で高速道路が倒壊しているシーンを見て、急いで神戸に住んでいるろうの友達にFAXを送った。数日返事がなく、大分やきもきした。数日後、ようやく「無事だよ」との返事があって、胸をなでおろした。

しかし、ニュースで見る映像は、甚大な被害の様子を伝えていた。また、ボランティアがあちこちで支援活動をしている様子が映し出されており、自分も何かできないか、いてもたってもいられなかった。しかし、当時は今ほどボランティア体制が整っておらず、何をしていいか分からなかった。また、聴覚障害者がボランティアに行っても、コミュニケーションが上手くできず、かえって足手まといになるのではないかという思いもあり諦めた。後悔の気持ちだけが残ったが、当時の自分にはどうすることもできなかった。

困っている人があったら寄り添い、できれば、力になりたいという思いは、実は大学時代から持っていた。全日本聴覚障害学生懇談会連合（現・全日本ろう学生懇談会）という、全国のきこえない学生が集まってできた団体があり、そこでの交流を通して、様々な立場の人がいることを知った。大学側の配慮が十分でなく苦労している者、ボランティアの支援があって勉強に励んでいる者がいた。本人の努力というよりは、大学や勉学環境の問題であるということを痛感した。

また、大学時代に、車いすの支援ボランティアを経験した。きっかけは、大学の構内にビラが貼ってあるのを見て、何か経験してみたいと思ったことだった。応募し、何かできることはないかと車いすの方がいる施設（AJU自立の家。名古屋市にある障害者の自立を目指す団体）まで行ったのだが、逆に色々教えられることになった。車いすの方たちが、積極的に街の中に出て行って、デモ活動などを通して社会に問題提起する姿が、いちばん印象に残った。

こういった経験を通して、状況や環境を変えるためには何らかの犠牲が伴うために、絶対に後ろに引かないという並大抵でない覚悟を決める必要性を理解していた。始めるなら、途中で止めることがないように持続可能な活動にしていく必要があるし、社会的な活動をすると、いろいろな方からの意見が出てきて、調整にかなりの労力を割く必要がある。いろいろな意味での覚悟を決める必要があった。そうして、【トライせずに後悔するよりは、トライして後悔したほうがいい】が私の座右の銘となった。

†ひとりではなく仲間たちと

ＩＧＢの活動を始めた当初は、賛同してくれる仲間が集まるのか、また、小さな団体で実績もない私たちが果たして社会を変えていくことができるのかという不安にずっとつきまとわれていた。自分一人だけでは絶対に何もできない。でも、たくさんの仲間たちが集まれば、そしてやり方を工夫して、諦めずに挑戦し続ければ、小さな団体で実績もない私たちでも、絶対変えることができるという強い意志を持っていた。私の【誰かがやらないと社会は変わらない】という熱意を一人ひとりに訴えることで、仲間たちがたくさん集まってくれた。それは私の友人たち、そして、手話通訳者・文字通訳者たちだ。後ろに戻ることはできない、そんな覚悟がＩＧＢを設立した強いモチベーションだった。覚悟を決めるときに、私の背中を押してくれたのも、仲間たちだった。

仲間たちがいなかったら、こうして活動もできなかったといっても過言ではない。感謝の気持ちでいっぱいだ。どのようなノウハウを活用して社会を変えることができたのか、本書を通して世の中に伝えることで、少しでも恩返しができればと願っている。

†謝辞

ＩＧＢ設立当初から、支えてくださった副理事長で神奈川県聴覚障害者福祉センター施設長でもある熊谷徹さん、理事（当時）の杉原大介さん。そして、理事の吉岡弘貴さん、吉田将明さん、藤木和子さん、山口タケシさんをはじめ、手話通訳者、文字通訳者など多くの仲間たちに支えられてここまでやってきた。また、プロローグに出てきたＮＰＯ法人AlonAlon 理事長・那部智史さんや、第六章にて対談していただいた認定ＮＰＯ法人フローレンス会長・駒崎弘樹さんには、ＮＰＯ運営において、多大な示唆をいただいた。

そして、私の活動を温かく見守ってくれた妻、そして、完成までサポートしてくださった筑摩書房の藤岡美玲さんに心からお礼を申し上げたい。

ちくま新書
1717

マイノリティ・マーケティング
——少数者《しょうすうしゃ》が社会《しゃかい》を変《か》える

二〇二三年三月一〇日　第一刷発行

著　者　伊藤芳浩（いとう・よしひろ）
発行者　喜入冬子
発行所　株式会社　筑摩書房
東京都台東区蔵前二-五-三　郵便番号一一一-八七五五
電話番号〇三-五六八七-二六〇一（代表）
装幀者　間村俊一
印刷・製本　三松堂印刷　株式会社

ISBN978-4-480-07540-6 C0236

ちくま新書

1625
政策起業家
――「普通のあなた」が社会のルールを変える方法
駒崎弘樹

「フローレンスの病児保育」「おうち保育園」「障害児保育園ヘレン」等を作ってきた著者の、涙と笑いの闘いの記録。政治家や官僚でなくてもルールを変えられる！

784
働き方革命
――あなたが今日から日本を変える方法
駒崎弘樹

仕事に人生を捧げる時代は過ぎ去った。「働き方」の枠組みを変えて少ない時間で大きな成果を出し、家庭や地域社会にも貢献する新しいタイプの日本人像を示す。

1541
手話の学校と難聴のディレクター
――ＥＴＶ特集「静かで、にぎやかな世界」制作日誌
長嶋愛

難聴のＴＶディレクターが手話の学校にやってきた。そこでみつけた「共に生きる」ことの意味とは――。ＥＴＶ特集『静かで、にぎやかな世界』の舞台裏。

1489
障害者差別を問いなおす
荒井裕樹

「差別はいけない」。でも、なぜ「いけない」のかを言葉にする時、そこには独特の難しさがある。その理由を探るため差別されてきた人々の声を拾い上げる一冊。

1305
ファンベース
――支持され、愛され、長く売れ続けるために
佐藤尚之

「ファンベース」とは、ファンを大切にし、ファンをベースにして、中長期的に売上や価値を上げていく考え方である。今、最も大切なマーケティングはこれだ！

822
マーケティングを学ぶ
石井淳蔵

市場が成熟化した現代、生活者との関係をどうデザインするかが企業にとって大きな課題となる。著者はここを起点にこれからのマーケティング像を明快に提示する。

1599
ＳＤＧｓがひらくビジネス新時代
竹下隆一郎

気候危機、働き方、声を上げる消費者……。すべてがビジネスにつながっていくＳＤＧｓの時代を迎え、「これからの見取り図」を示したビジネスパーソン必読の書！